大思政

大国复兴的精神之钥

于建荣——主编

人民东方出版传媒
People's Oriental Publishing & Media
東方出版社
The Oriental Press

图书在版编目（CIP）数据

大思政：大国复兴的精神之钥 / 于建荣主编． —北京：东方出版社，2022.5
ISBN 978-7-5207-2757-0

Ⅰ.①大… Ⅱ.①于… Ⅲ.①思想政治教育—研究—中国 Ⅳ.①D64

中国版本图书馆 CIP 数据核字（2022）第 063847 号

大思政：大国复兴的精神之钥
（DASIZHENG : DA GUO FUXING DE JINGSHEN ZHI YAO）

主　　编：于建荣
责任编辑：黄彩霞
出　　版：东方出版社
发　　行：人民东方出版传媒有限公司
地　　址：北京市西城区北三环中路 6 号
邮　　编：100120
印　　刷：天津鑫旭阳印刷有限公司
版　　次：2022 年 5 月第 1 版
印　　次：2022 年 5 月北京第 1 次印刷
开　　本：787 毫米 × 1092 毫米　1/16
印　　张：14
字　　数：156 千字
书　　号：ISBN 978-7-5207-2757-0
定　　价：56.00 元
发行电话：（010）85924663　85924644　85924641

序　言

思想是行动的先导。这是一条箴言。要思得清、想得明、行得好，必须常思常想。

政治是思想的统帅。要想扶正祛邪，治理有效，既要以思想为基础，也要以政治为统领。

思想政治教育是中华民族的优良传统。思想政治教育也是马克思主义的一贯主张，是共产党人的传家宝。中国共产党的百年历史，既是革命、建设、改革、复兴的历史，也是学习、宣传马克思主义，把马克思主义与中国工人运动相结合，推进马克思主义中国化时代化大众化，守好初心、担当使命，实现中华民族站起来、富起来、强起来的思想政治教育史。

新民主主义革命时期，针对我国半殖民地半封建社会的实际和党的队伍的现状，毛泽东指出：“我们千万不要忘记红军的来源和它的成分，五月份统计，全军一三二四名党员中，工人三百一十一，农民六百二十六，小商人一百，学生一百九十二，其他九十五，工人与非工人的比例是百分之二十三对百分之七十七。讨论到个人思想时，不要忘记他的出身、教育和工作历史，这是共产主义者的研究态度。四军党内显然有一种建立于农民、游民、小资产阶级之上的不正确的思想，这种思想是不利于党的团结和革命的前途的，是有离开无产阶级革命立场的危险。我们必须和这种思想（主要的是思想问题，其余是小节）奋斗，去克服这种思想，以求红军彻底改造，凡有障碍腐旧思想之铲除和红军之改造的，必须毫不犹豫地反对之，这是同志们今后奋斗的目标。”[1]“掌握思想教育是我们第一等的业务。”“对付黑暗需要加强教育，迎接光明也需要加强教育，无论怎样讲，我们都需要加强教育。”[2]“掌握思想教育，是团结全党进行伟大政治斗争的中心环节。如果这个任务不解决，党的一切政治任务是不能完成的。”[3]新中国成立后，为实现中华民族伟大复兴，针对社会主义革命、建设对思想政治教育的新要求，毛泽东指出：“政治工作是一切经济工作的生命线。”[4]“思想政治工作，各个部门都要负责任。共产党应该管，青年团应该管，政府主管部门应该管，学校的校长教师更应该管。”[5]“思想问题现在已经成为非常重要的问题。各地党委的第一书记应该亲自出马来抓思想问题，只有重视了和研究了这个问题，才能正确地解决这个问题。”[6]“发生闹事的更重

[1] 中共中央文献研究室编:《毛泽东著作专题摘编》(下),中央文献出版社 2003 年版,第 1233 页。

[2] 中共中央文献研究室编:《毛泽东著作专题摘编》(下),中央文献出版社 2003 年版,第 1477 页。

[3] 中共中央文献研究室编:《毛泽东著作专题摘编》(下),中央文献出版社 2003 年版,第 1478 页。

[4] 中共中央文献研究室编:《毛泽东著作专题摘编》(下),中央文献出版社 2003 年版,第 1479 页。

[5] 中共中央文献研究室编:《毛泽东著作专题摘编》(下),中央文献出版社 2003 年版,第 1480 页。

[6] 中共中央文献研究室编:《毛泽东著作专题摘编》(下),中央文献出版社 2003 年版,第 1481 页。

要的因素，还是领导上的官僚主义。这种官僚主义的错误，有一些是要由上级机关负责，不能全怪下面。闹事的另一个原因是对于工人、学生缺乏思想政治教育。一九五六年，还有少数合作社社员闹社的事件，主要原因也是领导上的官僚主义和对于群众缺乏教育。”[1] 以毛泽东同志为代表的中国共产党人致力于推动马克思主义中国化，开展延安整风，加强理论教育等，团结和凝聚全国各族人民，创造了新民主主义革命、社会主义革命和建设的伟大成就，使中国人民站了起来，奠定了中国发展进步的基础。

改革开放新时期，针对“文化大革命”造成的灾难和极左思想的影响，邓小平指出：“为了实现四个现代化，在坚持对极少数反社会主义分子实行无产阶级专政的同时，需要在人民内部广泛地加强思想政治教育。”[2]“教育全国人民做到有理想、有道德、有文化、有纪律。这四条里面，理想和纪律特别重要。”[3]“我们最近十年的发展是很好的。我们最大的失误是在教育方面，思想政治工作薄弱了，教育发展不够。我们经过冷静考虑，认为这方面的失误比通货膨胀等问题更大。”[4]“十年最大的失误是教育，这里我主要是讲思想政治教育，不单纯是对学校、青年学生，是泛指对人民的教育。对于艰苦创业，对于中国是个什么样的国家，将要变成一个什么样的国家，

[1] 中共中央文献研究室编：《毛泽东著作专题摘编》（下），中央文献出版社 2003 年版，第 2155 页。
[2] 《邓小平文选》第二卷，人民出版社 1994 年版，第 187 页。
[3] 《邓小平文选》第三卷，人民出版社 1993 年版，第 110 页。
[4] 《邓小平文选》第三卷，人民出版社 1993 年版，第 290 页。

这种教育都很少，这是我们很大的失误。”[1]以邓小平同志为主要代表的中国共产党人领导推动真理标准问题大讨论，破除个人崇拜和教条主义的精神枷锁，推动马克思主义与中国实际相结合，开展党员教育，加强职工思想政治工作，开启精神文明建设等，凝聚和团结全国各族人民，开辟中国特色社会主义建设道路，开创了改革开放和社会主义现代化建设的伟大成就，使中国人民富了起来。

在走向新世纪的过程中，面对西方和平演变的挑战和新世纪新要求，江泽民指出：“思想政治教育，在各级各类学校都要摆在重要地位，任何时候都不能放松和削弱。要说素质，思想政治素质是最重要的素质。不断增强学生和群众的爱国主义、集体主义、社会主义思想，是素质教育的灵魂……如果轻视思想政治教育、历史知识教育和人格培养，那就会产生很大的片面性，而这种片面性往往会影响人一生的轨迹。”[2]“不断加强对领导干部的思想政治教育，要结合新情况新问题，努力探索和创造出一套新形势下进行思想政治教育的有效方式方法。”[3]“党的思想政治工作本质上是群众工作，是宣传群众、教育群众、引导群众、提高群众的工作，因此必须坚持走群众路线。”[4]以江泽民同志为主要代表的中国共产党人领导推动思想政治工作，开展“三讲”教育，加强和改进党员教育等，凝聚和团结全国各族人民，迈入新世纪，创造了改革开放和社会主义现代

[1] 《邓小平文选》第三卷，人民出版社 1993 年版，第 306 页。
[2] 《江泽民文选》第二卷，人民出版社 2006 年版，第 332 页。
[3] 《江泽民文选》第二卷，人民出版社 2006 年版，第 558 页。
[4] 《江泽民文选》第三卷，人民出版社 2006 年版，第 95 页。

化建设的伟大成就。

在全面建设小康社会的过程中，面对全面建设小康社会的新任务，胡锦涛指出："加强对党员的思想教育和管理，真正做到哪里有群众哪里就有党的工作，哪里有党员哪里就有党的组织，哪里有党的组织哪里就有健全的组织生活和坚强的战斗力。"[1]"要积极推动当代中国马克思主义大众化，广泛开展中国特色社会主义理论体系宣传普及活动，深入浅出回答干部群众普遍关心的问题，更好析事明理、解疑释惑，使中国特色社会主义理论体系日益深入人心，为广大人民群众所理解、所掌握，发挥对实践的巨大指导作用。"[2]"要开展深入细致的思想政治工作，把先进性要求和广泛性要求结合起来，把解决思想问题和解决实际问题结合起来，更加注重人文关怀和心理疏导，引导人们在为祖国为人民的奋斗中实现自身价值。"[3]以胡锦涛同志为主要代表的中国共产党人领导推动学习型党组织建设，开展以实践"三个代表"重要思想为主要内容的保持共产党员先进性教育活动，学习实践科学发展观活动等，凝聚和团结全国各族人民，全面建设小康社会，取得了改革开放和社会主义现代化建设的伟大成就。

中国特色社会主义进入新时代，面对世界百年未有之大变局和中华民族伟大复兴战略全局的新要求，习近平总书记指出："要把思想政治建设摆在首位，坚持用党章党规规范党员、干部言行，用

[1] 《胡锦涛文选》第二卷，人民出版社 2016 年版，第 297 页。
[2] 《胡锦涛文选》第三卷，人民出版社 2016 年版，第 61 页。
[3] 《胡锦涛文选》第三卷，人民出版社 2016 年版，第 63 页。

党的创新理论武装全党，引导全体党员做合格党员。”[1]“要坚持不懈用马克思主义中国化最新成果武装头脑、凝心聚魂，坚定全党马克思主义信仰和共产主义理想，不断提高全党特别是领导干部的理论思维能力和思想政治水平。”[2]“思想政治工作从根本上说是做人的工作，必须围绕学生、关照学生、服务学生，不断提高学生思想水平、政治觉悟、道德品质、文化素养，让学生成为德才兼备、全面发展的人。”[3]“要解决党内存在的一些突出矛盾和问题，必须把党的思想政治建设摆在首位，营造风清气正的政治生态。”[4]“必须毫不放松抓好思想政治建设，点亮党员、干部心中的明灯，教育引导党员、干部筑牢思想防线，坚持‘革命理想高于天’，保持蓬勃朝气、昂扬锐气、浩然正气。”[5]“办好思政课，最根本的是要全面贯彻党的教育方针，解决好培养什么人、怎样培养人、为谁培养人这个根本问题。新时代贯彻党的教育方针，要坚持马克思主义指导地位，贯彻新时代中国特色社会主义思想，坚持社会主义办学方向，落实立德树人的根本任务，坚持教育为人民服务、为中国共产党治国理政服务、为巩固和发展中国特色社会主义制度服务、为改革开放和社会主义现代化建设服务，扎根中国大地办教育，同生产劳动和社会实

[1] 《习近平谈治国理政》第二卷，外文出版社 2017 年版，第 174 页。

[2] 《习近平谈治国理政》第二卷，外文出版社 2017 年版，第 67—68 页。

[3] 《习近平谈治国理政》第二卷，外文出版社 2017 年版，第 377 页。

[4] 中共中央文献研究室编:《习近平关于全面从严治党论述摘编》，中央文献出版社 2016 年版，第 44 页。

[5] 中共中央纪律检查委员会、中共中央文献研究室编:《习近平关于党风廉政建设和反腐败斗争论述摘编》，中央文献出版社、中国方正出版社 2015 年版，第 143 页。

践相结合，加快推进教育现代化、建设教育强国、办好人民满意的教育，努力培养担当民族复兴大任的时代新人，培养德智体美劳全面发展的社会主义建设者和接班人。”“办好思想政治理论课关键在教师，关键在发挥教师的积极性、主动性、创造性。”“推动思想政治理论课改革创新，不断增强思政课的思想性、理论性和亲和力、针对性。”[1]“要用信任的眼光、欣赏的眼光、发展的眼光看待基层官兵，探索构建新时代思想政治教育体系，提高教育针对性和实效性。”[2]“‘为谁培养人、培养什么人、怎样培养人’始终是教育的根本问题。”[3]习近平总书记还强调,思想政治理论课能否在立德树人中发挥应有作用，关键看重视不重视、适应不适应、做得好不好。思政课的本质是讲道理，要注重方式方法，把道理讲深、讲透、讲活，老师要用心教，学生要用心悟，达到沟通心灵、启智润心、激扬斗志。青少年思想政治教育是一个接续的过程，要针对青少年成长的不同阶段，有针对性地开展思想政治教育。[4]特别是提出了“大思政课”的新要求，他说:“‘大思政课’我们要善用之，一定要跟现实结合起来。上思政课不能拿着文件宣读,没有生命、干巴巴的。”[5]

[1] 习近平:《思政课是落实立德树人根本任务的关键课程》,《求是》2020 年第 17 期。

[2] 习近平:《发扬优良传统 强化改革创新 推动我军基层建设全面进步全面过硬》,人民网 2019 年 11 月 11 日。

[3] 《习近平在中国人民大学考察时强调 坚持党的领导传承红色基因扎根中国大地 走出一条建设中国特色世界一流大学新路》,《人民日报》2022 年 4 月 26 日。

[4] 《习近平在中国人民大学考察时强调 坚持党的领导传承红色基因扎根中国大地 走出一条建设中国特色世界一流大学新路》,《人民日报》2022 年 4 月 26 日。

[5] 《“大思政课”我们要善用之》,《人民日报》2021 年 3 月 7 日。

以习近平同志为主要代表的中国共产党人领导推动党的群众路线教育实践活动、“三严三实”专题教育、“两学一做”学习教育、“不忘初心、牢记使命”主题教育、党史学习教育等工作，推进高校思想政治工作改革，团结和凝聚全国各族人民，统揽伟大斗争、伟大工程、伟大事业、伟大梦想，全面建成了小康社会，开启全面建设社会主义现代化国家新征程，创造了新时代中国特色社会主义的伟大成就，把思想政治教育工作推进到新的发展阶段。

什么是“大思政课”？这是一个新课题。截至目前，尚未有人对其进行清晰的界定。但从思想政治教育的实践来看，思想政治教育实际上就是“大思政”，思政课实际上也是超越学校教育、课堂教育的“大思政课”。在这个意义上，“大思政课”是以学生为重点包括其他国民的全员全程全方位教育，是以政治教育为核心的思想道德、纪律法律、行为规范教育，是以思政课程为重点的思政课程与课程思政的统一，是理论教育与实践教学的统一。也就是说，本书所面向的学生，指的是“大学生”，是所有接受思政课的教育者。

为上好“大思政课”，本书坚持以习近平新时代中国特色社会主义思想为指导，贯彻落实习近平总书记关于大思政的重要讲话精神，贯彻落实《关于新时代加强和改进思想政治工作的意见》，坚持问题导向，紧密结合实际，阐述了如何上好“大思政课”，以期对办好学好讲好大思政，培养德智体美劳全面发展的社会主义建设者和接班人，建设忠诚干净担当的高素质干部队伍，教育引导广大人民群众听党话、跟党走，夯实党的群众基础有所帮助。

目 录

一 大思政的重大意义

思想是行动的先导，政治是行动的统帅。马克思主义的思想政治教育是共产党人的传家宝。习近平总书记非常重视思想政治教育工作，并明确提出了“大思政课”这一重大课题。认真做好这个课题，对于坚持中国共产党的领导，正确应对世界百年未有之大变局，实现第二个百年奋斗目标，实现中华民族伟大复兴的中国梦，具有非常重要的意义。

习近平与思政课有天然的联系。1998 年至 2002 年，在担任福建省委副书记、代省长、省长期间，他参加了清华大学人文社会学院马克思主义理论与思想政治教育专业的在职研究生班，并获得法学博士学位。这不仅使其拥有了雄厚的马克思主义理论功底，而且也增强了他对思政课的深厚感情。

习近平总书记领导开展了党的群众路线教育实践活动、“三严三实”专题教育等一系列教育活动，而且把思想政治教育摆在了更加突出的地位。习近平总书记强调:“办好思政课，是我非常关心的一件事。党的十八大以来，党中央先后召开全国高校思想政治工作会议、全国教育大会，我就思政课建设多次讲过意见。我对教育工作在这方面强调得最多，教育工作别的方面我也强调，但思政课建设我必须更多强调。”[1] 他多次考察、研究部署思想政治教育工作。

2013 年 8 月 19 日，习近平总书记在全国宣传思想工作会议上的讲话中指出：“要加强社会主义核心价值体系建设，倡导富强、民主、文明、和谐，倡导自由、平等、公正、法治，倡导爱国、敬业、诚信、友善，积极培育和践行社会主义核心价值观，使之成为全体人民的共同价值追求。”[2] 2014 年 5 月 30 日上午，在“六一”国际儿童节即将到来之际，他到北京市海淀区民族小学参加学校少先队主题队日活动，了解学生们学习和课余活动，特别是学校开展多种活动积极引导学生培育和践行社会主义核心价值观方面的情况。在习近平总书记主持召开的座谈会上，学生代表和教师、家长、少先队辅导员、校外辅导员代表分别发言，围绕当好少先队员、加强德育教育、搞好家校互动等问题谈了认识和体会。他边听边记，不时提问，详细了解同学们的理想和志向、少先队辅导员的工作、德育主任的设置、校外辅导员工作机制、家长和学校关系等方面的情况，同大家深入讨论。2016 年 12 月 7 日，习近平总书记在全国高校思想政治工作会议上的讲话中指出：“如何加强和改善党对高校的领导，如何巩固马克思主义在高校意识形态领域的指导地位，如何履行好立德树人的职责，如何更好把高校师生凝聚在党的周围，如何发挥高校对全社会思想文化建设的促进作用，都需要做好高校思想政治

[1] 习近平：《思政课是落实立德树人根本任务的关键课程》，《求是》2020 年第 17 期。

[2] 中共中央文献研究室编：《习近平关于全面深化改革论述摘编》，中央文献出版社 2014 年版，第 83 页。

工作。”[1] 他阐述了新时代高等教育和高校思想政治工作的一系列重大问题。

2019 年 3 月 18 日上午，习近平总书记在北京主持召开学校思想政治理论课教师座谈会并发表重要讲话时强调：“办好思想政治理论课，最根本的是要全面贯彻党的教育方针，解决好培养什么人、怎样培养人、为谁培养人这个根本问题。新时代贯彻党的教育方针，要坚持马克思主义指导地位，贯彻新时代中国特色社会主义思想，坚持社会主义办学方向，落实立德树人的根本任务，坚持教育为人民服务、为中国共产党治国理政服务、为巩固和发展中国特色社会主义制度服务、为改革开放和社会主义现代化建设服务，扎根中国大地办教育，同生产劳动和社会实践相结合，加快推进教育现代化、建设教育强国、办好人民满意的教育，努力培养担当民族复兴大任的时代新人，培养德智体美劳全面发展的社会主义建设者和接班人。”[2] 要把统筹推进大中小学思政课一体化建设作为一项重要工程，推动思政课建设内涵式发展。要完善课程体系，解决好各类课程和思政课相互配合的问题，鼓励教学名师到思政课堂上讲课。各地区各部门负责同志要积极到学校去讲思政课。[3] 他系统阐述了思想政治教育的一系列重大问题，为思想政治教育的改革发展指明了方向。

[1] 中共中央文献研究室编：《习近平关于社会主义文化建设论述摘》，中央文献出版社 2017 年版，第 54—55 页。

[2] 《习近平谈治国理政》第三卷，外文出版社 2020 年版，第 328 页。

[3] 习近平：《用新时代中国特色社会主义思想铸魂育人 贯彻党的教育方针落实立德树人根本任务》，新华网 2019 年 3 月 18 日。

2021年3月6日下午，习近平总书记在看望参加全国政协会议的医药卫生界教育界委员时，委员们向他讲述了战疫的所见所感和胜利背后动人的故事。林忠钦委员在发言中建议，向广大青年学子讲好抗疫这堂“大思政课”，将抗疫的鲜活案例融入教材。习近平总书记颔首赞许：“思政课不仅应该在课堂上讲，也应该在社会生活中来讲。这次总的背景是世界百年未有之大变局，‘两个一百年’的历史交汇期，突如其来的疫情加剧了这两个方面给人们的影响。”“这不仅是一时之运，还有我们的道路自信、理论自信、制度自信、文化自信。现在这一代年轻人，也在变化之中，他们的心态、思想也在改变。”“‘大思政课’我们要善用之，一定要跟现实结合起来。上思政课不能拿着文件宣读，没有生命、干巴巴的。”[1]他明确提出了善用“大思政课”的任务和要求。

2022年4月25日，在五四青年节即将到来之际，习近平总书记到中国人民大学考察调研，代表党中央，向全国各族青年致以节日的祝贺，向中国人民大学全体师生员工、向全国广大教育工作者和青年工作者致以诚挚的问候，进一步提出了如何发挥好思政课的作用、把握好思政课的本质、讲好思政课等一系列重大问题，为办好大思政课指明了方向。

坚持以习近平新时代中国特色社会主义思想为指导，切实做到“两个维护”，我们就必须认真贯彻落实习近平总书记关于思想政治教育特别是“大思政课”的重要讲话精神，把“大思政课”作为政治

[1] 《“大思政课”我们要善用之》，《人民日报》2021年3月7日。

任务，扛在肩上，结合实际落实在行动上，以深入细致、和风细雨的工作，培养出一代代中国特色社会主义事业的建设者和可靠接班人。

（一）新时代加强和改进思想政治工作的应有之义

思想政治工作是马克思主义的一贯主张，是党的一切工作的生命线，是共产党人的传家宝。中国共产党的百年史，可以说是一部思想政治工作史。没有思想政治工作，没有马克思主义与中国工人运动相结合，就不可能有中国共产党的诞生。党一成立，就成立宣传机构，运用《共产党》《向导》等深入工农开展宣传教育。大革命时期，党的四大通过《对于宣传工作之议决案》，提出围绕政治任务开展政治宣传工作的要求；用思想政治工作巩固统一战线，培养军事政治工作骨干和农民运动骨干，宣传教育工人开展工人运动，教育发动农民同贪官污吏、土豪劣绅进行斗争。土地革命战争时期，我们党提出了思想政治工作的指导思想、理论原则和科学方法，在红军中建立政治委员、政治指导员制度，在农村革命根据地开展农民的思想政治工作，在城市开展工人和学生的思想政治工作。抗日战争时期，党的思想政治工作理论不断成熟完善，明确政治工作是军队的生命线，开展延安整风，运用惩前毖后、治病救人，批评与自我批评，抓两头带中间等原则方法，在抗日根据地、国统区和敌占区对党员、干部和群众进行马克思主义和革命精神教育。解放战争时期，提出“一切反动派都是纸老虎”的论断，开展“三查三整”“诉苦三查”，进行“针锋相对”的斗争，教育全党同志做到“两个务必”，把党的政策变为人民群众的实际行动。新中国成立后，党明确提出了思想政治工作这一概念，建立政工机构和宣传工作网络，开展政治干部培训，强调团结—批评—团结，发掘运用雷锋、“好八连”等好典型，围绕解决人民内部矛盾、结合党的中心工作开展思想政治工作。改革开放新时期，党完成思想政治工作拨乱反正，出台《关于加强和改进思想政治工作的若干意见》，坚持“两个文明”一起抓，反对资产阶级自由化，以整风精神开展“三讲”教育，以科学的理论武装人，以正确的舆论引导人，以高尚的精神塑造人，以优秀的作品鼓舞人，为中国特色社会主义建设提供了重要保障。

党的十八大以来，习近平总书记非常重视思想政治工作。2020 年 12 月，习近平总书记主持召开的中央全面深化改革委员会第十七次会议审议通过了《新时代加强和改进思想政治工作的意见》。2021 年 7 月，中共中央、国务院印发了《关于新时代加强和改进思想政治工作的意见》，从总体要求、把思想政治工作作为治党治国的重要方式、深入开展思想政治教育、提升基层思想政治工作质量和水平、推动新时代思想政治工作守正创新发展、构建共同推进思想政治工作的大格局六个方面进行了全面部署，为我们做好思想政治工作提供了根本遵循。

思想政治工作，事关党的前途命运，事关国家长治久安，事关民族凝聚力和向心力。对此，毛泽东曾经指出：“掌握思想教育是我们第一等的业务。”“思想和政治又是统帅，是灵魂。只要我们的思想工作和政治工作稍为一放松，经济工作和技术工作就一定会走到邪路上去。”[1]

[1] 中共中央文献研究室编：《毛泽东著作专题摘编》（下），中央文献出版社 2003 年版，第 1477、1479 页。

加强和改进新时代的思想政治工作，最基础的任务是加强和改进思想政治教育，搞好大思政。对此，《关于新时代加强和改进思想政治工作的意见》明确指出，要深入开展思想政治教育。坚持用习近平新时代中国特色社会主义思想武装全党、教育人民，健全用党的创新理论武装全党、教育人民工作体系，增进对习近平新时代中国特色社会主义思想的政治认同、思想认同、理论认同、情感认同。推动理想信念教育常态化制度化，广泛开展中国特色社会主义和中国梦宣传教育，弘扬民族精神和时代精神，加强爱国主义、集体主义、社会主义教育，加强马克思主义唯物论和无神论教育。培育和践行社会主义核心价值观，加强教育引导、实践养成、制度保障，推动社会主义核心价值观融入社会发展和百姓生活。加强党史、新中国史、改革开放史、社会主义发展史和形势政策教育，引导党员、干部、群众旗帜鲜明反对历史虚无主义，继往开来走好新时代长征路。加强社会主义法治教育，深入学习宣传习近平法治思想，在全社会普遍开展宪法宣传教育，有针对性地宣传普及法律、法规和法理常识，加大党章党规党纪宣传力度。增强忧患意识、发扬斗争精神，广泛开展防范化解重大风险宣传教育，总结新冠肺炎疫情防控斗争经验，以自觉的斗争实践打开新天地、夺取新胜利。这也就是说，新时代加强和改进思想政治工作，承担举旗帜、聚民心、育新人、兴文化、展形象的职责使命，充分调动一切积极因素，广泛团结一切可以团结的力量，为人民服务、为中国共产党治国理政服务、为巩固和发展中国特色社会主义制度服务、为改革开放和社会主义现代化建设服务，本身就包含着做好大思政这个基础性工作。

（二）应对世界百年未有之大变局的必然选择

百年未有之大变局，是2017年12月28日习近平总书记接见回国参加2017年度驻外使节工作会议的全体使节时提出的科学战略论断。此后，他又反复不断地阐述这一重要观点。如2018年，他在中央外事工作会议上指出，当前，我国处于近代以来最好的发展时期，世界处于百年未有之大变局，两者同步交织、相互激荡。2019年，他在新年贺词中指出，放眼全球，我们正面临百年未有之大变局。2020年，他在“不忘初心、牢记使命”主题教育总结大会上指出，当今世界正经历百年未有之大变局，我国正处于实现中华民族伟大复兴关键时期，我们党正带领人民进行具有许多新的历史特点的伟大斗争，形势环境变化之快、改革发展稳定任务之重、矛盾风险挑战之多、对我们党治国理政考验之大前所未有。2021年，他在党史学习教育动员大会上指出，要教育引导全党胸怀中华民族伟大复兴战略全局和世界百年未有之大变局，树立大历史观，从历史长河、时代大潮、全球风云中分析演变机理、探究历史规律，提出因应的战略策略，增强工作的系统性、预见性、创造性。

如何认识百年未有之大变局？我国的许多学者进行了研究。有人认为：“‘百年变局’是以百年历史为考察维度，判断世界发展的潮流和趋势。”“过去‘百年变局’的核心是用国际经济秩序替代了以往的殖民体系；同时，在现行的国际经济秩序中出现了发展中国家群体崛起的现象，这些都表明在过去‘百年变局’中人类的文明和进步。但是，这并不意味着现行的国际经济秩序是一套完美的制度设计，恰恰相反，现行的国际经济秩序在建立初期就暴露了制度设计上的缺陷，在过去‘百年变局’中一直处于不断修补和调整的过程中。”[1] 有人认为：“百年未有之大变局的本质在于国际秩序的转型。现行国际秩序是第二次世界大战后以美国为首的西方国家主导建立的，存在诸多不合理、不公正的弊端。但是，当前的转型并不是颠覆二战结束以来国际关系运行的基本原则和制度框架。事实上，以中国为代表的新兴市场国家一直积极维护以联合国为中心的国际秩序，主张通过调整和改革，使现有国际秩序和全球治理体系朝着更加公正、合理的方向发展。”“百年未有之大变局还集中表现在国际权力结构的显著变化。自地理大发现以来，世界逐渐形成了以西方为中心、亚非拉为边缘的中心—外围体系。冷战结束后，弗朗西斯·福山的‘历史终结论’曾风靡一时，以美国为首的西方国家的政治、经济、军事优势似乎达到顶点。然而，进入 21 世纪后，中国特色社会主义的巨大成功，用事实宣告了‘历史终结论’的破产。在西方，欧洲正面临着欧债危机、难民危机等问题，曾经牢不可破的安全优势、经济优势等都不同程度地被削弱。2019 年的北约峰会传递出强烈的不和谐信号，西方国家在经济、安全、政治和意识形态上的一致性在减少。随着新兴力量在国际舞台上分量越来越重，世界权力几百年来一直在西方几个大国之间轮流‘倒手’的局面已不复存在，西方国家主导的国际格局正在发生深

[1] 雷达、初晓：《国际经济秩序演变与百年未有之大变局》，《国际商务研究》2021 年第 1 期，第 4、10、12 页。

刻变化。”“此外，传统的权力转移发生在国家之间，而当今的权力转移既表现为崛起中的新兴国家开始分享美国等西方国家的主导权，又表现为非国家行为体、社会运动的权力日益增大。以信息技术为先导的新科技革命浪潮为国际社会带来高度的流动性和开放性，打破了传统的资源和权力垄断，为新兴国家利用后发优势提供了难得的物质条件，同时极大强化了非国家行为体参与全球事务的能力。进入21世纪以来，世界范围的观念、制度等也呈现日益多元的格局，新兴国家和非国家行为体开始成为知识、技术、信息的生产源和传播源。这种权力分散的现实推动国际政治朝着多元化、多层次的网状结构转型。”[1]

根据习近平总书记的论述，依据世界的发展变化，借鉴学者们的研究成果，可以说，百年未有之大变局是在现代科技革命推动下，人类社会基本矛盾的变化所引起的百年之变、格局之变、全面之变，是在复杂斗争中的和平、发展、合作、共赢之变，是依靠人、为了人之变。这种变化，需要人的推动，需要思想引领，需要加强和改进思想政治工作，需要大思政。

百年未有之大变局是百年之变。这个百年指什么？人们有不同的认识。一部分学者认为习近平总书记所强调的“百年”是20世纪与21世纪之间的这个百年；也有部分学者认为这个“百年”就是我们21世纪下的百年。如何确定“百年”的起止点呢？学术界其实有一种说服性比较强的观点，即认为习近平总书记在这里所强调的“百年”实际上是一种泛指，并非单指一个具体的、确切的时间

[1] 蒲傅：《国际关系演变中的“百年未有之大变局”》，人民网2020年1月3日。

节点，它是一个渐进的较长的历史过程，有可能会是几百年。[1] 本书认为这个“百年”倾向于21世纪以来的百年。2017年习近平总书记在谈到百年未有之大变局时，特别阐述了“新世纪以来”的重大变化；反观20世纪的上一个百年，资本主义进入垄断资本主义阶段，虽然诞生了社会主义国家，一些民族国家获得了独立和解放，但西方资本主义特别是美国长期在国际格局中处于主导地位，而进入新世纪，太阳再次从东方升起，西方主导的世界格局正在发生新的深刻变化。百年未有之大变局正是对这种变化的正确反映。百年之变，需要百年英才，需要思想之变，需要未雨绸缪，需要大思政。

百年未有之大变局是全面之变。也就是说，它不仅是世界经济格局的深刻变化，而且也是世界政治格局、文化格局、社会格局的深刻调整。如经济格局的深刻变化，有研究认为：“国际经济秩序已经到了需要进行重大调整的历史时刻。第一，国际经济秩序的中心国家已经开始启用现行的协调手段，这不仅仅表现为美国特朗普政府退出《巴黎气候协定》以及联合国的一些下属组织，同时在面对疫情冲击下全球经济衰退的严峻形势时，负责全球反危机的协调机制，无论是七国集团还是二十国集团都处于停摆状态。第二，2008年以来，无论是新兴经济体还是欧盟经济体，都在采取摆脱美国再平衡框架的尝试，也就是说，国际经济秩序的‘中心—外围’格局和依存关系都在发生着深刻变化。第三，新自由主义在美国国内造

[1] 参见郝玲玲：《“百年未有之大变局”视域下的中国与世界》，《中国经贸导刊（中）》2021年第3期，第162页。

成的收入分配差距拉大以及由此导致的社会分化，使得人们开始对国际经济秩序第二阶段的成绩产生怀疑和动摇，贸易投资自由化不再是西方国家政府所追求的目标；相反，保护主义成为经济民粹主义最常用的武器。第四，如果在‘美国优先’的前提下，运用技术‘脱钩’来遏制竞争对手的经济增长必将导致全球价值链分工的‘碎片化’，世界经济格局将会发生更巨大的变化。”[1] 全面之变，需要全面发展的人才，需要全面发展的教育，需要大思政。

形成百年未有之大变局源于现代科技革命主导下的人类社会的基本矛盾。科技革命总是能够深刻改变世界发展格局。18 世纪，蒸汽机等重大发明，开启了第一次科技革命和产业革命，发展了社会生产力，确立了资本主义制度，开启了人类社会现代化历程。19 世纪，电磁波、电力、内燃机等的发展，催生了第二次科学技术和产业革命，资本主义进入垄断阶段，英国长期在世界格局中处于主导地位，社会主义实现了从理论到实践的伟大飞跃。20 世纪前期，原子能、电子计算机、空间技术等的发展，催生了第三次科技革命和产业革命，资本主义进入调整发展时期，美国开始主导世界格局，社会主义在曲折探索中前进。20 世纪 80 年代以来，航空、电子技术、航天、计算机、机器人、互联网、基因工程等的发展，催生第四次科学技术和产业革命，提高了人类认识自然、利用自然的能力和社会生产力水平，旧的国际格局已经不适应新的发展要求，以中国为代表的一些国家抓住科

[1] 雷达、初晓：《国际经济秩序演变与百年未有之大变局》，《国际商务研究》2021 年第 1 期，第 4、10、12 页。

技革命的难得机遇，实现了经济实力、科技实力、国防实力迅速增强，综合国力快速提升，如新兴市场国家和发展中国家对世界经济增长的贡献率在 2016 年就已经达到 80%，经济总量超过发达国家，推动着以美国为主导的国际格局的变革，推动着国际格局从西方主导走向东西方平衡。简而言之，是科技革命和产业革命的发展，推动着人类社会生产力的发展，进而推动着人类社会生产关系特别是国际经济关系的调整，推动百年未有之大变局的形成。人是科技革命和产业革命中最活跃的因素。要想更好地应对百年未有之大变局，必须提高人的素质，必须重视大思政。

百年未有之大变局实质是制度格局之变。这是人们的共识。但从人类社会在基本矛盾推动下从原始社会经奴隶社会、封建社会、资本主义社会到社会主义共产主义社会的演进的历史进程，从当今世界资本主义制度和社会主义制度并存的现实来看，百年未有之大变局，也是制度格局之变，是对资本主义主导的世界格局的调整，也是以中国为代表的社会主义力量在世界格局地位的日益增强。这里存在着意识形态的斗争和较量。在这种斗争和较量中，我们要赢得主动，必须高度重视思想政治工作，重视大思政。

百年未有之大变局基本趋势是和平、发展、合作、共赢之变。这是世界各国人民的共同期盼，是不可阻挡的时代潮流，不以任何人的意志为转移。我们要顺应变化之势，谋求和平、发展、合作、共赢，离不开思想政治工作，离不开大思政。

百年未有之大变局归根到底是依靠人、为了人之变。人是百年未有之大变局的主体。世界之变，是为了人类之变；中国之变，是为了人民、依靠人民之变。思想是行动的先导。我们要准确识变、科学应变、主动求变，洞察先机、趋利避害，需要思想政治工作，需要大思政。

（三）完成百年伟业的迫切需要

2017 年 9 月 26 日，美国前国务卿基辛格在美国出席由中国人民大学和美国哥伦比亚大学主办的“中美大学校长和智库论坛”时盛赞中国成就。他表示，第一次访华时，当时的中国对他来说是个谜。如今中国的成就远远超乎他的想象，中国对于他来说已不再是个谜。他还认为，当中国实现第二个一百年目标时，中国会比任何一个社会都要强大，人均收入将会达到发达国家水平。只要目睹了最近一代中国人的变化，都会坚定地相信中国将实现目标。[1]

百年伟业，也就是“两个一百年”奋斗目标：在中国共产党成立一百年时全面建成小康社会，在新中国成立一百年时把我国建成富强民主文明和谐美丽的社会主义现代化强国。这凝结着近代以来中华民族的探索和智慧，更凝结着一代代中国共产党人的探索和追求。

新中国成立后，周恩来在第一届全国人大第一次会议上提出了把我国建设成为强大的社会主义的现代化的工业国家的任务。他说：“如果我们不建设起强大的现代化的工业、现代化的农业、现代化的交通运输业和现代化的国防，我们就不能摆脱落后和贫困，我们

[1] 参见《基辛格：实现两个一百年目标，中国将比任何社会都强大》，观察者网 2017 年 9 月 28 日。

的革命就不能达到目的。”[1] 1963 年，周恩来提出：“我们要实现农业现代化、工业现代化、国防现代化和科学技术现代化，把我们祖国建设成为一个社会主义强国，关键在于实现科学技术的现代化。”[2] 1975 年周恩来在第四届全国人民代表大会第一次会议上提出：“我国国民经济的发展，可以按两步来设想：第一步，用十五年时间，即在一九八〇年以前，建成一个独立的比较完整的工业体系和国民经济体系；第二步，在本世纪内，全面实现农业、工业、国防和科学技术的现代化，使我国国民经济走在世界的前列。”[3] “文化大革命”结束后，党的十一大提出，建设一个具有现代农业、现代工业、现代国防、现代科学技术的伟大的社会主义强国的任务。这些是对“两个一百年”奋斗目标的初步探索。

改革开放以来，“两个一百年”奋斗目标日益明确。党的十一届三中全会提出，从 1979 年起，全党工作的着重点应该转移到社会主义现代化建设上来。党的十二大提出：“团结全国各族人民，自力更生，艰苦奋斗，逐步实现工业、农业、国防和科学技术现代化，把我国建设成为高度文明、高度民主的社会主义国家。”“从一九八一年到本世纪末的二十年，我国经济建设总的奋斗目标是，在不断提高经济效益的前提下，力争使全国工农业的年总产值翻两番，即由一九八〇年的七千一百亿元增加到二〇〇〇年的二万八千亿元左右。”“为了实现二十年的奋斗目标，在战略部署上要分两步走：前

[1] 《周恩来选集》下卷，人民出版社 1984 年版，第 132 页。
[2] 《周恩来选集》下卷，人民出版社 1984 年版，第 412 页。
[3] 《周恩来选集》下卷，人民出版社 1984 年版，第 479 页。

十年主要是打好基础，积蓄力量，创造条件，后十年要进入一个新的经济振兴时期。”党的十三大提出：“领导和团结全国各族人民，以经济建设为中心，坚持四项基本原则，坚持改革开放，自力更生，艰苦创业，为把我国建设成为富强、民主、文明的社会主义现代化国家而奋斗。”“我国经济建设的战略部署大体分三步走。第一步，实现国民生产总值比一九八〇年翻一番，解决人民的温饱问题。这个任务已经基本实现。第二步，到本世纪末，使国民生产总值再增长一倍，人民生活达到小康水平。第三步，到下个世纪中叶，人均国民生产总值达到中等发达国家水平，人民生活比较富裕，基本实现现代化。”党的十四大提出：“加快改革开放和现代化建设步伐，夺取有中国特色社会主义事业的更大胜利。”“在九十年代，我们要初步建立起新的经济体制，实现达到小康水平的第二步发展目标。再经过二十年的努力，到建党一百周年的时候，我们将在各方面形成一整套更加成熟更加定型的制度。在这样的基础上，到下世纪中叶建国一百周年的时候，就能够达到第三步发展目标，基本实现社会主义现代化。”党的十五大提出：“展望下世纪，我们的目标是，第一个十年实现国民生产总值比二〇〇〇年翻一番，使人民的小康生活更加宽裕，形成比较完善的社会主义市场经济体制；再经过十年的努力，到建党一百年时，使国民经济更加发展，各项制度更加完善；到世纪中叶建国一百年时，基本实现现代化，建成富强民主文明的社会主义国家。”党的十六大提出：“全面建设小康社会，加快推进社会主义现代化，为开创中国特色社会主义事业新局面而奋斗。”“根据十五大提出的到二〇一〇年、建党一百年和新中国成立一百年的发展目标，我们要在本世纪头二十年，集中力量，全面建设惠及十几亿人口的更高水平的小康社会，使经济更加发展、民主更加健全、科教更加进步、文化更加繁荣、社会更加和谐、人民生活更加殷实。这是实现现代化建设第三步战略目标必经的承上启下的发展阶段，也是完善社会主义市场经济体制和扩大对外开放的关键阶段。经过这个阶段的建设，再继续奋斗几十年，到本世纪中叶基本实现现代化，把我国建成富强民主文明的社会主义国家。”党的十七大提出“为夺取全面建设小康社会新胜利而奋斗”，并对推进改革开放和社会主义现代化建设、实现全面建设小康社会宏伟目标作出全面部署。

党的十八大提出：“坚定不移沿着中国特色社会主义道路前进，为全面建成小康社会而奋斗。”“只要我们胸怀理想、坚定信念，不动摇、不懈怠、不折腾，顽强奋斗、艰苦奋斗、不懈奋斗，就一定能在中国共产党成立一百年时全面建成小康社会，就一定能在新中国成立一百年时建成富强民主文明和谐的社会主义现代化国家。”党的十九大在综合分析国际国内形势和我国发展条件的基础上，对从2020年到本世纪中叶的奋斗目标作出两个阶段的战略安排。这就是：“第一个阶段，从二〇二〇年到二〇三五年，在全面建成小康社会的基础上，再奋斗十五年，基本实现社会主义现代化。”“第二个阶段，从二〇三五年到本世纪中叶，在基本实现现代化的基础上，再奋斗十五年，把我国建成富强民主文明和谐美丽的社会主义现代化强国。”党的十九届五中全会进一步明确了未来五年全面建设社会主义现代化国家的经济社会发展的主要目标，这就是：经济发展取得新成效；

改革开放迈出新步伐；社会文明程度得到新提高；生态文明建设实现新进步；民生福祉达到新水平；国家治理效能得到新提升。

经过全党全国各族人民持续奋斗，第一个百年奋斗目标已经实现，在中华大地上全面建成了小康社会，历史性地解决了绝对贫困问题。下一步，我们要意气风发地向着全面建成社会主义现代化强国的第二个百年奋斗目标迈进。

实现全面建成社会主义现代化强国的第二个百年奋斗目标，关键在人，先导在思想，要求在大思政。

大思政是第二个百年奋斗目标的应有之义。到第二个百年，物质文明、政治文明、精神文明、社会文明、生态文明全面提升，国家治理体系和治理能力实现现代化，综合国力和国际影响力领先，基本实现全体人民共同富裕，人民享有更加幸福安康的生活，中华民族以更加昂扬的姿态屹立于世界民族之林，目标中对民主文明和谐等要求，直接包含着对思想政治工作的要求，包含着对大思政的要求。

大思政是团结和凝聚实现第二个百年奋斗目标力量的重要方法。第二个百年目标是奋斗出来的。我们要把全党的力量集中统一起来，把全国各族人民的力量团结起来，把工人阶级、农民阶级、社会各个阶层的力量凝聚起来，把全体社会主义劳动者、社会主义事业建设者、拥护社会主义的爱国者、拥护祖国统一和致力于中华民族伟大复兴爱国者的力量运用起来，画出最大同心圆，形成中华民族伟大复兴的强大力量，需要深入宣传第二个百年奋斗目标，需要深入细致的思想政治工作，需要大思政。

大思政是破解第二个百年奋斗目标难题的有力武器。当前，在实现第二个百年奋斗目标的道路上，我们面临着国际环境日趋复杂，不稳定性不确定性明显增加，新冠肺炎疫情影响广泛深远，经济全球化遭遇逆流，世界进入动荡变革期，单边主义、保护主义、霸权主义对世界和平与发展构成威胁的局面；面临着我国发展不平衡不充分问题仍然突出，重点领域、关键环节改革任务仍然艰巨，创新能力不适应高质量发展要求，农业基础还不稳固，城乡区域发展和收入分配差距较大，生态环保任重道远，民生保障存在短板，社会治理还有弱项，一些领域存在道德失范、诚信缺失现象，有的干部领导高质量发展能力不强，奢侈浪费现象严重，“小老虎”“大老虎”贪污腐败等难题。解决这些难题，需要思想政治工作，需要大思政。

大思政是实现中华民族伟大复兴中国梦的客观要求。实现第二个百年奋斗目标的过程，同时也是实现中华民族伟大复兴中国梦的过程。实现中华民族伟大复兴的中国梦是近代以来中国人的梦想，也是习近平总书记的明确要求。中国梦的基本内涵是实现国家富强、民族振兴、人民幸福。要统筹中华民族伟大复兴战略全局和世界百年未有之大变局，实现中华民族伟大复兴的中国梦，必须坚定不移地走中国特色社会主义道路，必须大力弘扬以爱国主义为核心的民族精神和以改革创新为核心的时代精神，必须凝聚中国各族人民大团结的中国力量。这些都要求加强和改进思想政治工作，要求大思政。

二 大思政的核心灵魂

大思政，首先是思想。思想教育是大思政的核心灵魂。习近平总书记指出："马克思主义是我们立党立国的根本指导思想，是我们党的灵魂和旗帜。"[1] 上好大思政课，要在开展道德教育、法制教育、心理教育、形势政策教育的同时，重点开展好党的基本理论教育，特别是学懂弄通做实习近平新时代中国特色社会主义思想，自觉地用党的基本理论武装头脑、增强团结、统一行动，增强做中国人的志气、骨气、底气，推动党的事业健康发展。

（一）坚持讲好学好用好马克思列宁主义

马克思列宁主义，是马克思恩格斯创立的、列宁继承和发展的完整的科学的理论体系，是无产阶级和广大劳动人民认识世界改造世界的世界观方法论，是党的行动指南。其核心内容是唯物史观、剩余价值学说和科学社会主义理论。这是我们党成立以来一直坚持的根本指导思想。坚持讲好学好用好马克思列宁主义，用马克思列

[1] 习近平：《在庆祝中国共产党成立100周年大会上的讲话》，《人民日报》2021年7月2日。

宁主义观察时代、把握时代、引领时代，走中国人民自愿选择的适合中国国情的道路，中国的社会主义事业必将取得最终胜利。

坚持讲好学好用好马克思列宁主义，是一个各有侧重的有机整体。坚持马克思列宁主义是总要求，包含着讲好学好用好马克思列宁主义。讲好，是对思政课教师、宣讲者的要求。学好，是对思政课教师、宣讲者、学习者的要求。用好，是对所有人的要求。

1. 要坚定对马克思列宁主义的信仰

这是坚持讲好学好用好马克思列宁主义的要求。马克思列宁主义揭示了人类社会、资本主义和社会主义的发展规律，是科学。信仰马克思列宁主义，就是相信和尊敬科学。马克思列宁主义是向实践开放的理论体系，具有与时俱进的理论品质，只要我们始终坚持马克思列宁主义与新的实践和时代相结合，并用新的经验来丰富它、发展它，马克思列宁主义就会永葆青春。各种马克思列宁主义“过时论”，不仅在逻辑上是矛盾的，而且在实践上也是完全错误的，不符合马克思列宁主义一直存在着、发展着的客观事实。习近平总书记指出：“在人类思想史上，就科学性、真理性、影响力、传播面而言，没有一种思想理论能达到马克思主义的高度，也没有一种学说能像马克思主义那样对世界产生了如此巨大的影响。这体现了马克思主义的巨大真理威力和强大生命力，表明马克思主义对人类认识世界、改造世界、推动社会进步仍然具有不可替代的作用。”[1]我们要坚定这种信心，并在运用中持续增强这种信心。这也是讲好学好

[1] 《习近平：继续推进马克思主义中国化时代化大众化》，新华网 2017 年 9 月 29 日。

用好马克思列宁主义的目的所在。

2. 要学习马克思列宁主义

这是坚持讲好学好用好马克思列宁主义的基础。对讲好马克思列宁主义来说，“以其昏昏、使人昭昭”是万万不行的，要倒出一杯水，自己必须有一桶水。回顾党的奋斗历程可以发现，我们党之所以能够不断历经艰难困苦创造新的辉煌，很重要的一条就是我们党始终重视思想建党、理论强党，坚持用科学理论武装广大党员、干部的头脑，使全党始终保持统一的思想、坚定的意志、强大的战斗力。我们要赢得优势、赢得主动、赢得未来，战胜前进道路上各种各样的拦路虎、绊脚石，必须把马克思主义作为看家本领，以更宽广的视野、更长远的眼光来思考把握未来发展面临的一系列重大问题，不断提高全党运用马克思主义分析和解决实际问题的能力，不断提高运用科学理论指导我们应对重大挑战、抵御重大风险、克服重大阻力、解决重大矛盾的能力。学习马克思列宁主义，一般来说，要学习马克思列宁主义的经典著作，如《共产党宣言》《资本论》《哥达纲领批判》《社会主义从空想到科学的发展》《我们怎样改组工农检查院》《宁肯少些，但要好些》等著作文章，深入学、持久学、刻苦学，带着问题学、联系实际学，把科学思想理论转化为认识世界、改造世界的强大物质力量。要突出学习重点。马克思列宁主义的内容十分丰富，对不同的人也有不同的要求。如对党员干部来说，从新时代开启全面建设社会主义现代化国家新征程、夺取新时代中国特色社会主义伟大胜利的要求来看，要重点学习马克思主义哲学和政治经济学。马克思主义哲学深刻揭示了客观世界特别是人类社会发展一般规律，在当今时代依然有着强大生命力，依然是指导我们共产党人前进的强大思想武器。学习马克思主义政治经济学基本原理和方法论，有利于我们掌握科学的经济分析方法，认识经济运动过程，把握社会经济发展规律，提高驾驭社会主义市场经济能力，更好回答我国经济发展的理论和实践问题，提高领导我国经济发展能力和水平。要通过学习，把握马克思列宁主义的基本原理和方法，提高战略思维能力、综合决策能力、驾驭全局能力，扛稳新时代赋予的神圣职责。

3. 要注重马克思列宁主义的运用

运用是坚持讲好学好用好马克思列宁主义的目的。运用马克思列宁主义，对不同领域，要求也是不同的，如对讲好马克思列宁主义来说，要坚持“在马言马”，善于运用马克思列宁主义的思想政治教育思想，运用马克思列宁主义的方法来讲授马克思列宁主义。一般来说，要运用世界统一于物质、物质决定意识、社会存在决定社会意识原理，增强从实际出发实施党的理论和路线方针政策的自觉性，坚持从客观实际出发制定政策、推动工作；运用社会基本矛盾原理，深入理解必须不断适应社会生产力发展调整生产关系，不断适应经济基础发展完善上层建筑，进行全面深化改革的重要性和紧迫性，深刻理解加强顶层设计、整体谋划，增强各项改革的关联性、系统性、协同性；运用物质生产是社会生活基础的观点，深刻理解坚持发展仍是解决我国所有问题的关键这个重大战略判断，推动我国社会生产力不断向前发展，推动实现物的不断丰富和人的全面发展的统一；运用人民群众是历史创造者的观点，深入理解坚持把实现好、维护好、发展好最广大人民根本利益作为推进改革的出发点和落脚点，让发展成果更多更公平惠及全体人民；运用尊重客观规律和发挥主观能动性关系的原理，深入理解坚持一切从实际出发，按照客观规律办事，鼓励地方、基层、群众大胆探索、先行先试；运用事物矛盾运动的基本原理，不断强化问题意识，积极面对和化解前进中遇到的矛盾；运用唯物辩证法的根本方法，不断增强辩证思维能力，提高驾驭复杂局面、处理复杂问题的本领；运用认识和实践辩证关系的原理，坚持实践第一的观点，不断推进实践基础上的理论创新；运用劳动价值论，增强尊重劳动、尊重劳动者的自觉性，实现共同富裕；运用价值规律、竞争规律、供求规律，调整经济结构、稳定经济增长、提高经济效益；运用资本原理，加快资本周转，提供经济效益；运用科学社会主义基本原理，深刻理解资本主义灭亡的必然性，坚定共产主义的理想信念。在运用这些理论的过程中，要总结新经验，丰富发展马克思列宁主义。

（二）坚持讲好学好用好毛泽东思想

毛泽东思想是马克思列宁主义在中国的运用和发展，是被实践证明了的关于中国革命和建设的正确的理论原则和经验总结，是中国共产党集体智慧的结晶。正如习近平总书记所说："在革命和建设长期实践中，以毛泽东同志为主要代表的中国共产党人，根据马克思列宁主义基本原理，形成了适合中国情况的科学指导思想，这就是毛泽东思想。毛泽东思想以独创性理论丰富和发展了马克思列宁主义。毛泽东思想教育了几代中国共产党人，它培养的大批骨干，不仅在新民主主义革命、社会主义革命、社会主义建设时期发挥了重要作用，也为新的历史时期开创和建设中国特色社会主义发挥了重要作用。”[1]

毛泽东思想的内容十分丰富，主要是：无产阶级领导的，工农联盟为基础的，人民大众的，反对帝国主义、封建主义和官僚资本主义的新民主主义革命的理论；采取社会主义工业化和社会主义改造同时并举的方针，实行逐步改造生产资料私有制的社会主义改造理论；正确处理人民内部矛盾、社会主义建设中重大关系的社会主义建设理论；重于从思想上建设党，坚持理论和实践相结合、和人民群众紧密地联系在一起、自我批评的作风，建设无产阶级政党的建设理论，等等。

坚持讲好学好用好毛泽东思想，要读毛泽东著作。毛泽东的著作是毛泽东思想的集中体现。读毛泽东的著作是讲好学好用好毛泽东思想的首要要求。要结合实际，通读《毛泽东选集》《毛泽东著作选读》《毛泽东文集》等著作。如果没有能力全部通读，要认真学习毛泽东的有关文章，如《反对本本主义》《关心群众生活，注意工作方法》《中国革命战争的战略问题》《实践论》《矛盾论》《反对自由主义》《中国革命和中国共产党》《纪念白求恩》《新民主主义论》《改造我们的学习》《整顿党的作风》《反对党八股》《关于领导方法的若干问题》《为人民服务》《愚公移山》《党委会的工作方法》

[1] 习近平：《在纪念毛泽东同志诞辰120周年座谈会上的讲话》，人民网2013年12月26日。

《论人民民主专政》《论十大关系》《关于正确处理人民内部矛盾的问题》《坚持艰苦奋斗，密切联系群众》等文章，领会语言风格，掌握基本观点，把握精神实质。

坚持讲好学好用好毛泽东思想，要深刻把握毛泽东思想活的灵魂，即实事求是、群众路线、独立自主。这是坚持讲好学好用好毛泽东思想的核心。毛泽东思想活的灵魂是贯穿其中的立场、观点、方法。“实事”就是客观存在着的一切事物；“是”就是客观事物的内部联系，即规律性；“求”就是我们去研究。实事求是，是马克思主义的根本观点，是中国共产党人认识世界、改造世界的根本要求，是我们党的基本思想方法、工作方法、领导方法。坚持实事求是，要求我们有的放矢，坚持用马克思主义的“矢”去射中国革命、建设、改革的“的”。群众路线是我们党的生命线和根本工作路线，是我们党永葆青春活力和战斗力的重要传家宝。坚持群众路线，要求我们牢固树立人民群众是历史创造者的观点，做到一切为了群众，一切依靠群众，从群众中来，到群众中去。独立自主是中华民族的优良传统，是我们党从中国实际出发、依靠党和人民力量进行革命、建设、改革的必然结论，是中国共产党、中华人民共和国立党立国的重要原则。坚持独立自主，要求我们把国家和民族的发展放在自己力量的基点上，坚定民族自尊心和自信心，坚定不移走自己的路。

坚持讲好学好用好毛泽东思想，重在运用。这是坚持讲好学好用好毛泽东思想的目的。这种运用，对不同的人，也有不同的要求，如对思政课教师和宣讲者来说，要注重运用毛泽东思想中的政治教育思想和思想政治工作方法开展工作。一般来说，要把毛泽东思想与自己的思想实际、工作实际和我国经济社会发展相结合，认识、分析、解决自身工作和国家发展中的重大问题，特别是要坚持实事求是的原则，深入实际了解事物的本来面貌，清醒认识和正确把握我国仍处于并将长期处于社会主义初级阶段这个基本国情，坚持为了人民利益坚持真理、修正错误，不断推进实践基础上的理论创新；坚持群众路线，坚持人民是决定我们前途命运的根本力量，坚持全心全意为人民服务的根本宗旨，保持党同人民群众的血肉联系，真正让人民来评判我们的工作；坚持独立自主，坚持中国的事情必须由中国人民自己作主张、自己来处理，坚持独立自主的和平外交政策，坚定不移走和平发展道路；改造主观世界，促进国家发展进步，并用新的实践经验丰富发展毛泽东思想。

（三）坚持讲好学好用好邓小平理论

邓小平理论是马克思列宁主义的基本原理同当代中国实际和时代特征相结合的产物，是马克思列宁主义同中国实际相结合的第二次飞跃，是中国共产党集体智慧的结晶，是毛泽东思想在新的历史条件下的继承和发展，是当代中国的马克思主义。

要学习邓小平理论。这是坚持讲好学好用好邓小平理论的要求。一是通读《邓小平文选》。《邓小平文选》是邓小平理论的集中体现，言简意赅，通俗易懂。要结合实际，结合党的十一届三中全会以来党的路线方针政策，认真学习邓小平理论，全面把握邓小平理论的内容和精髓实质。二是学习对人民无比热爱的伟大情怀。热爱人民，是邓小平一生最深厚的情感寄托。他从对人民的挚爱，延伸到对党、对祖国的挚爱。他说过：“我的生命是属于国家的。”这质朴的语言，集中表达了邓小平对党、对祖国、对人民的大爱。学习邓小平这种热爱人民的精神，自觉地依靠人民，全心全意为人民服务。三是学习开拓创新的政治勇气。要敢字当头，横下一条心。改革开放胆子要大一些，敢于试验，不能像小脚女人一样。看准了的，就大胆地试，大胆地闯，走不出一条新路，就干不出新的事业。学习邓小平理论，要学习这种敢于开拓创新的政治勇气，把开拓创新作为一种常态，细心观察新的实践和新的发展，尊重地方、基层、群众首创精神，果断作出决策，不断用发展着的马克思主义指导新的实践，又从实践中作出新的理论概括，敢破敢立、敢闯敢试，义无反顾地把改革开放向前推进。四是学习坦荡无私的博大胸襟。要抛弃个人恩怨来选择人，反对过自己的人也要用，永远不要过分突出个人。要学习这种公而忘私、无私无畏的博大胸怀，加强党性修养，严于律己、宽以待人，正确对待组织，正确对待同志，正确对待自己，正确对待权力，积极践行社会主义核心价值观，为党和人民事业赤诚奉献，以身作则推动营造风清气正的党风、政风和社会风气。

要运用丰富邓小平理论。这是坚持讲好学好用好邓小平理论的目的。这种运用，对不同的人，要求也有差别，如对思政课教师、宣讲者来说，要注重学习运用其思想政治教育思想，学马克思列宁主义要精、要管用等要求。一般来说，要坚持实事求是观点，真正懂得实事求是是马克思主义的精髓。要提倡这个，不要提倡本本。我们改革开放的成功，不是靠本本，而是靠实践，靠实事求是，教育培养求实、务实、踏实的实干家。要坚持发展生产力的观点，真正懂得我们革命的目的就是解放生产力、发展生产力。离开了生产力的发展、国家的富强、人民生活的改善，革命就是空的，自觉地把发展生产力作为根本任务。要坚持社会主义初级阶段理论，真正懂得我们搞社会主义才几十年、还处在初级阶段。从实际出发，推进伟大事业。要坚持社会主义市场经济理论，真正懂得计划经济不等于社会主义，资本主义也有计划；市场经济不等于资本主义，社会主义也有市场。计划和市场都是经济手段。积极发展社会主义市场经济。要坚持社会主义本质理论，真正懂得社会主义的本质是解放生产力，发展生产力，消灭剥削，消除两极分化，最终达到共同富裕，努力抓好保障和改善民生各项工作，不断增强人民的获得感、幸福感、安全感，不断推进全体人民共同富裕。要坚持“三个有利于”标准论，自觉地把是否有利于发展社会主义社会的生产力，是否有利于增强社会主义国家的综合国力，是否有利于提高人民的生活水平作为判断改革开放的重要标准，推动经济社会发展。要学习放眼世界、放眼未来、放眼当前、放眼一切方面的世界眼光和战略思维，善于抓住关键、纲举目张的思想方法和工作方法，站在时代前沿观察思考问题，把党和人民事业放到历史长河和全球视野中来谋划，以小见大、见微知著，在解决突出问题中实现战略突破，在把握战略全局中推进各项工作，并在实践中丰富邓小平理论。

（四）坚持讲好学好用好“三个代表”重要思想

“三个代表”重要思想是在科学判断党的历史方位的基础上提出来的，是对马克思列宁主义、毛泽东思想、邓小平理论的继承和发展，反映了当代世界和中国的发展变化对党和国家工作的新要求，是加强和改进党的建设、推进我国社会主义自我完善和发展的强大理论武器，是中国共产党集体智慧的结晶，是党必须长期坚持的指导思想。

要学习“三个代表”重要思想。这是坚持讲好学好用好“三个代表”重要思想的前提。学习“三个代表”重要思想要学习《江泽民文选》，该书生动记录了中国共产党第三代中央领导集体带领全党全国各族人民推进中国特色社会主义事业的历史进程，科学总结了中国特色社会主义建设的宝贵经验，深刻反映了“三个代表”重要思想孕育、形成、发展的历史过程，是“三个代表”重要思想的集中体现。要结合实际，认真学习，努力把握“三个代表”重要思想的精髓要义。突出学习重点，重点学习把握江泽民关于始终代表着中国先进生产力的发展要求、始终代表着中国先进文化的前进方向、始终代表着中国最广大人民的根本利益，党的基本理论、基本路线、基本纲领、基本经验，改革开放和社会主义现代化建设，社会主义市场经济体制，社会主义初级阶段基本经济制度和分配制度，农业和农村经济，国有企业改革和发展，科技创新，西部大开发，可持续发展，实现共同富裕，社会主义民主政治，政治体制改革，依法治国，中国共产党领导的多党合作和政治协商制度，民族区域自治制度，行政管理体制和政府机构改革，统一战线、民族、宗教、人权、工会、青少年、妇女工作，社会主义精神文明建设，社会主义先进文化，宣传思想工作，思想道德建设，科教兴国，就业再就业，社会保障，关心困难群众生活，正确处理新时期人民内部矛盾，坚持党对军队的绝对领导，国防和军队现代化建设，中国特色军事变革，“一国两制”方针，国际形势、世界多极化和经济全球化，党的建设新的伟大工程等思想观点。

要运用丰富“三个代表”重要思想。这是坚持讲好学好用好“三个代表”重要思想的目的。对不同的人，具体运用的要求也有所不同。一般来说，要坚持与时俱进，始终保持与时俱进的精神状态，自觉地把思想认识从那些不合时宜的观念、做法和体制的束缚中解放出来，从对马克思主义的错误的和教条式的理解中解放出来，从主观主义和形而上学的桎梏中解放出来，把“三个代表”重要思想与时代和实际紧密结合起来，总结实践新鲜经验，借鉴人类文明的有益成果，在理论上扩展新视野、作出新概括，不断开拓马克思主义理论发展的新境界，并通过理论创新推动制度创新、科技创新、文化创新以及其他各方面的创新，不断在实践中探索前进，永不自满，永不懈怠。要把学习运用“三个代表”重要思想和主观世界的改造相结合，加强党性修养，端正世界观人生观价值观，清除思想尘埃，永葆先进性纯洁性；坚持执政为民，代表最广大人民的根本利益，立党为公，实现好、维护好、发展好人民的利益；树立全心全意为人民服务的意识，立足本职岗位，忠心耿耿、任劳任怨，兢兢业业地履行职责，为党和人民而工作而奋斗，时刻准备着为党和人民牺牲和贡献自己的一切，并在实践中丰富“三个代表”重要思想。

（五）坚持讲好学好用好科学发展观

科学发展观是立足社会主义初级阶段基本国情，总结我国发展实践，借鉴国外发展经验，适应新的发展要求提出来的，是对党的第三代中央领导集体关于发展的重要思想的继承和发展，是马克思主义关于发展的世界观和方法论的集中体现，是同马克思列宁主义、毛泽东思想、邓小平理论和“三个代表”重要思想既一脉相承又与时俱进的科学理论，是我国经济社会发展的重要指导方针，是发展中国特色社会主义必须坚持和贯彻的重大战略思想。

要学习科学发展观。这是坚持讲好学好用好科学发展观的前提。学习科学发展观要认真阅读《胡锦涛文选》，该书涉及经济、政治、文化、社会、生态等各领域，涵盖改革发展稳定、内政外交国防、治党治国治军等各方面，是科学发展观的集中体现。要通过结合实际认真阅读，深刻把握和领会“发展”这个第一要义，“以人为本”这个核心，“全面协调可持续”这个基本要求，“统筹兼顾”这个根本方法。

要运用丰富科学发展观。这是坚持讲好学好用好科学发展观的目的。对不同的群体，运用有所差别。一般来说，要用好第一要义是发展，始终坚持“一个中心、两个基本点”的基本路线，扭住经济建设这个中心，深化改革开放，把握发展规律、创新发展理念、转变发展方式、破解发展难题，聚精会神搞建设、一心一意谋发展，提高发展质量和效益，努力实现又好又快发展。要用好以人为本，始终把实现好、维护好、发展好最广大人民的根本利益作为党和国家一切工作的出发点和落脚点，尊重人民主体地位，发挥人民首创精神，保障人民各项权益，走共同富裕道路，促进人的全面发展，做到发展为了人民、发展依靠人民、发展成果由人民共享。要用好全面协调可持续发展，按照中国特色社会主义事业总体布局，全面推进经济建设、政治建设、文化建设、社会建设、生态文明建设，促进现代化建设各个环节、各个方面相协调，促进生产关系与生产力、上层建筑与经济基础相协调，走生产发展、生活富裕、生态良好的文明发展道路，建设资源节约型、环境友好型社会，使人民在良好生态环境中生产生活，实现经济社会永续发展。要用好统筹兼顾，牢固树立统筹兼顾的思想观念，统筹城乡发展、区域发展、经济社会发展、人与自然和谐发展、国内发展和对外开放，统筹中央和地方关系，统筹个人利益和集体利益、局部利益和整体利益、当前利益和长远利益，着力转变不适应不符合科学发展观的思想观念，着力解决影响和制约科学发展的突出问题，努力形成全体人民各尽其能、各得其所而又和谐相处的局面，实现社会的和谐有序发展，并在实践中丰富科学发展观。

（六）坚持讲好学好用好习近平新时代中国特色社会主义思想

习近平新时代中国特色社会主义思想是对马克思列宁主义、毛泽东思想、邓小平理论、“三个代表”重要思想、科学发展观的继承和发展，是马克思主义中国化最新成果，是党和人民实践经验和集体智慧的结晶，是中国特色社会主义理论的重要组成部分，是全党全国人民为实现中华民族伟大复兴而奋斗的行动指南，必须长期坚持并不断发展。

坚持讲好学好用好大思政，关键是坚持讲好学好用好也就是学懂弄通做实习近平新时代中国特色社会主义思想。

习近平新时代中国特色社会主义思想，是对中国特色社会主义新时代课题的科学解答。党的十八大以来，国内外形势变化和我国各项事业发展都给我们提出了一个重大时代课题，这就是必须从理论和实践结合上系统回答新时代坚持和发展什么样的中国特色社会主义、怎样坚持和发展中国特色社会主义，包括新时代坚持和发展中国特色社会主义的总目标、总任务、总体布局、战略布局和发展方向、发展方式、发展动力、战略步骤、外部条件、政治保证等基本问题，并且要根据新的实践对经济、政治、法治、科技、文化、教育、民生、民族、宗教、社会、生态文明、国家安全、国防和军队、“一国两制”和祖国统一、统一战线、外交、党的建设等各方面作出理论分析和政策指导，以利于更好坚持和发展中国特色社会主义。围绕这个重大时代课题，以习近平同志为核心的党中央，坚持以马克思列宁主义、毛泽东思想、邓小平理论、“三个代表”重要思想、科学发展观为指导，坚持解放思想、实事求是、与时俱进、求真务实，坚持辩证唯物主义和历史唯物主义，不忘初心、牢记使命，紧密结合新的时代条件和实践要求，以全新的视野深化对共产党执政规律、社会主义建设规律、人类社会发展规律的认识，进行艰辛理论探索，取得重大理论创新成果，形成了习近平新时代中国特色社会主义思想。

习近平新时代中国特色社会主义思想，主题鲜明，内涵丰富，博大精深。其基本内容是：明确中国特色社会主义最本质的特征是中国共产党领导，中国特色社会主义制度的最大优势是中国共产党领导，中国共产党是最高政治领导力量，全党必须增强“四个意识”、坚定“四个自信”、做到“两个维护”；明确坚持和发展中国特色社会主义，总任务是实现社会主义现代化和中华民族伟大复兴，在全面建成小康社会的基础上，分两步走在本世纪中叶建成富强民主文明和谐美丽的社会主义现代化强国，以中国式现代化推进中华民族伟大复兴；明确新时代我国社会主要矛盾是人民日益增长的美好生活需要和不平衡不充分的发展之间的矛盾，必须坚持以人民为中心的发展思想，发展全过程人民民主，推动人的全面发展、全体人民共同富裕取得更为明显的实质性进展；明确中国特色社会主义事业总体布局是经济建设、政治建设、文化建设、社会建设、生态文明建设五位一体，战略布局是全面建设社会主义现代化国家、全面深化改革、全面依法治国、全面从严治党四个全面；明确全面深化改革总目标是完善和发展中国特色社会主义制度、推进国家治理体系和治理能力现代化；明确全面推进依法治国总目标是建设中国特色社会主义法治体系、建设社会主义法治国家；明确必须坚持和完善社会主义基本经济制度，使市场在资源配置中起决定性作用，更好发挥政府作用，把握新发展阶段，贯彻创新、协调、绿色、开放、共享的新发展理念，加快构建以国内大循环为主体、国内国际双循环相互促进的新发展格局，推动高质量发展，统筹发展和安全；明确党在新时代的强军目标是建设一支听党指挥、能打胜仗、作风优良的人民军队，把人民军队建设成为世界一流军队；明确中国特色大国外交要服务民族复兴、促进人类进步，推动建设新型国际关系，推动构建人类命运共同体；明确全面从严治党的战略方针，提出新时代党的建设总要求，全面推进党的政治建设、思想建设、组织建设、作风建设、纪律建设，把制度建设贯穿其中，深入推进反腐败斗争，落实管党治党政治责任，以伟大自我革命引领伟大社会革命。

新时代坚持和发展中国特色社会主义的基本方略是：坚持党对一切工作的领导；坚持以人民为中心；坚持全面深化改革；坚持新发展理念；坚持人民当家作主；坚持全面依法治国；坚持社会主义核心价值体系；坚持在发展中保障和改善民生；坚持人与自然和谐共生；坚持总体国家安全观；坚持党对人民军队的绝对领导；坚持“一国两制”和推进祖国统一；坚持推动构建人类命运共同体；坚持全面从严治党。

习近平新时代中国特色社会主义思想和基本方略，是对坚持和发展什么样的中国特色社会主义、怎样坚持和发展中国特色社会主义的科学解答。但重点不同，其思想重点解答的是坚持和发展什么样的中国特色社会主义问题，是理论层面、指导思想的解答；其基本方略，重点解答的是怎样坚持和发展中国特色社会主义问题，是实践层面、行动纲领的解答。党的十九大要求，全党以习近平新时代中国特色社会主义思想统一思想和行动，增强学习贯彻的自觉性和坚定性，把习近平新时代中国特色社会主义思想贯彻到社会主义现代化建设全过程、体现到党的建设各方面。

要认真学习习近平新时代中国特色社会主义思想。这是坚持讲好学好用好习近平新时代中国特色社会主义思想的前提。习近平新时代中国特色社会主义思想，内容非常广泛，涉及中国特色社会主义的经济、政治、法治、科技、文化、教育、民生、民族、宗教、社会、生态文明、治党治国治军、国防内政外交等各个方面，思想十分深刻，见于习近平总书记的报告、讲话、谈话、文章、信件、批示等文稿之中，相对集中地见于《习近平谈治国理政》第一、第二、第三卷，见于中共中央文献研究室编的《习近平关于实现中华民族伟大复兴的中国梦论述摘编》《习近平关于协调推进“四个全面”战略布局论述摘编》《习近平关于全面建成小康社会论述摘编》《习近平关于全面深化改革论述摘编》《习近平关于全面依法治国论述摘编》《习近平关于社会主义文化建设论述摘编》等论述摘编之中，常见于网络上相关报道之中。我们要结合自身的思想和工作实际，结合马克思列宁主义、毛泽东思想、邓小平理论、“三个代表”重要思想、科学发展观，坚持读原著、学原文、悟原理，自觉主动学、及时跟进学、联系实际学、笃信笃行学，一篇一篇地读、一句一句地读、一字一字地读，深刻把握其时代课题、基本精神、基本内容、基本要求，重点把握立场观点方法，深刻领会政治立场、价值追求和思想风范，增强对习近平新时代中国特色社会主义思想的思想认同、理论认同、情感认同，做到学而信、学而思、学而行，增强“四个意识”，坚定“四个自信”，做到“两个维护”。

要自觉运用习近平新时代中国特色社会主义思想。这是坚持讲好学好用好习近平新时代中国特色社会主义思想的目的。要认真贯彻落实习近平总书记关于思想政治教育的重要论述，毫不动摇地坚持党的基本理论基本路线基本方略，讲好思政课，学好思政课，用好思政课。要坚持把习近平新时代中国特色社会主义思想与客观实际相结合，深入实际，调查研究，把握实际情况，掌握突出问题，用习近平新时代中国特色社会主义思想的世界观方法论分析问题、解决问题，在这种结合中，把思想落到实处，产生实际效果。要突出重点，根据新时代我国社会主要矛盾的变化，坚持问题导向，在坚持讲好学好用好中统一思想，凝聚力量，统筹推进“五位一体”总体布局，协调推进“四个全面”战略布局，立足新阶段，坚定不移贯彻新发展理念，坚持稳中求进工作总基调，以推动高质量发展为主题，以深化供给侧结构性改革为主线，以改革创新为根本动力，以满足人民日益增长的美好生活需要为根本目的，统筹发展和安全，加快建设现代化经济体系，加快构建以国内大循环为主体、国内国际双循环相互促进的新发展格局，推进国家治理体系和治理能力现代化，全面建设社会主义现代化国家。

三　大思政的根本要求

大思政，讲的是政治。讲政治是我们党的优良传统和优势，是大思政的神圣职责。习近平总书记指出：“政治引导是思政课的基本功能。”[1] 讲政治的要求很多，最重要的是教育引导受教育者，深刻领会“两个确立”的决定性意义，增强“四个意识”，坚定“四个自信”，做到“两个维护”，牢记“国之大者”，不断提高政治判断力、政治领悟力、政治执行力，增强政治定力，自觉地在党中央的坚强领导下，坚定共产主义的远大理想和中国特色社会主义共同理想，守初心担使命，为实现中华民族伟大复兴的中国梦不懈奋斗。

（一）旗帜鲜明讲政治

讲政治是习近平总书记的明确要求。马克思主义政党具有崇高政治理想、高尚政治追求、纯洁政治品质、严明政治纪律。如果马克思主义政党政治上的先进性丧失了，党的先进性和纯洁性就无从谈起。这就是我们把党的政治建设作为党的根本性建设的道理所在。

[1]　习近平：《思政课是落实立德树人根本任务的关键课程》，《求是》2020 年第 17 期。

党的政治建设是一个永恒课题。要把准政治方向，坚持党的政治领导，夯实政治根基，涵养政治生态，防范政治风险，永葆政治本色，提高政治能力，为我们党不断发展壮大、从胜利走向胜利提供重要保证。“强调思政课的政治引导功能，并不是要把课讲成简单的政治宣传，而要以透彻的学理分析回应学生，以彻底的思想理论说服学生，用真理的强大力量引导学生。马克思说：‘理论只要彻底，就能说服人。’马克思主义理论就是彻底的理论。思政课教师所讲的理论、观点、结论要经得起学生各种‘为什么’的追问，这样效果才能好。需要注意的是，不能用学理性弱化政治性，在大中小学的不同学段，无论是通过讲故事、讲历史还是讲理论的方式讲思政课，都要体现思政课的政治引导功能。”[1] 思政课教师“要善于从政治上看问题，自觉用新时代中国特色社会主义思想武装头脑，在大是大非面前保持政治清醒”[2]。习近平总书记的这些重要论述为旗帜鲜明讲政治、把准政治方向、坚持党的政治领导、夯实政治根基、涵养政治生态、防范政治风险、永葆政治本色指明了方向。

讲政治是我们党的优良传统和优势。我们党一成立就确定了实现共产主义的远大政治理想。《中国共产党宣言》明确指出，共产主义者的目的是要按照共产主义者的理想，创造一个新的社会。在革命、建设、改革各个时期，我们党都高度重视党的政治建设。新民主主义革命时期，毛泽东指出：“给被领导者以物质福利和政治教

[1] 习近平：《思政课是落实立德树人根本任务的关键课程》，《求是》2020 年第 17 期。
[2] 习近平：《思政课是落实立德树人根本任务的关键课程》，《求是》2020 年第 17 期。

育。”[1] 在红军大学、苏维埃大学、抗日军政大学、陕北公学等开设党的建设、中国革命运动史、马克思列宁主义、辩证唯物主义、科学社会主义等课程。新中国成立后，毛泽东指出：“必须坚决地克服官僚主义，很好地加强思想政治教育，恰当地处理各种矛盾。”[2] 把中国革命常识、共同纲领课程列入中学教学计划，在高校开设中国革命史、马列主义基础、政治经济学、辩证唯物论与历史唯物论等课程。改革开放新时期，邓小平指出：“在强调发展民主的同时，要强调教育我们的人民特别是青年要有理想、守纪律。”“十年来我们的最大失误是在教育方面，对青年的政治思想教育抓得不够，教育发展不够。”[3] 江泽民指出：“在新的历史时期，党的思想政治工作必须从不断变化的实际出发大力加强和改进，而不可有丝毫放松和削弱。”[4] 胡锦涛指出：“要把育人为本作为教育工作的根本要求，加强理想信念教育和道德教育，把社会主义核心价值体系融入国民教育全过程，深入推动中国特色社会主义理论体系进教材、进课堂、进头脑，引导学生形成正确的世界观、人生观、价值观，坚定学生对中国共产党领导、社会主义制度的信念和信心”[5]。先后出台十多个

[1] 中共中央文献研究室编:《毛泽东著作专题摘编》(上),中央文献出版社 2003 年版,第 451 页。

[2] 中共中央文献研究室编:《毛泽东著作专题摘编》(上),中央文献出版社 2003 年版,第 1045 页。

[3] 《邓小平文选》第三卷，人民出版社 1993 年版，第 245、287 页。

[4] 《江泽民文选》第三卷，人民出版社 2006 年版，第 76 页。

[5] 《胡锦涛文选》第三卷，人民出版社 2016 年版，第 420—421 页。

关于学校思想政治工作的文件，对思政课建设提出明确要求，不断推动思政课改革。这些传统体现着政党的普遍属性，体现着马克思主义政党的根本要求。旗帜鲜明讲政治正是这种红色基因的传承。

讲政治是思政课的本性所在。思政课，讲的就是政治问题，具有鲜明的阶级性。马克思主义公开声明，自己是为无产阶级和劳动人民服务的。从开设的课程来看，初中阶段的道德与法制、思想品德，高中阶段的思想政治，大学阶段的思想道德修养与法律基础、中国近现代史纲要、马克思主义基本原理概论、毛泽东思想和中国特色社会主义理论体系概论等，无不具有鲜明的阶级性，都是为人民利益服务的，旗帜鲜明讲政治正是这种本性的体现和要求。

（二）领会“两个确立”

“两个确立”，即确立习近平同志党中央的核心、全党的核心地位，确立习近平新时代中国特色社会主义思想的指导地位。《中共中央关于党的百年奋斗重大成就和历史经验的决议》指出：“党确立习近平同志党中央的核心、全党的核心地位，确立习近平新时代中国特色社会主义思想的指导地位，反映了全党全军全国各族人民共同心愿，对新时代党和国家事业发展、对推进中华民族伟大复兴历史进程具有决定性意义。”[1]

“两个确立”相互区别、相互联系，揭示了党的领导核心与党的

[1] 《中共中央关于党的百年奋斗重大成就和历史经验的决议》，《人民日报》2021 年 11 月 17 日。

指导思想之间的密切联系，体现了党的理论与实践、历史与现实、党心与民心的有机统一，共同统一于中国特色社会主义伟大事业之中，统一于中华民族伟大复兴的历史进程之中。

深刻领会"两个确立"的决定性意义，是大思政的应有之义，是讲政治的重要要求。"两个确立"是马克思主义政党的重要原则，是总结长期实践和历史经验得出的重大历史结论，是体现全党全军共同意志、反映全体人民共同心声的重大政治论断，是党的十八大以来最重大的政治成果和最重要的历史经验，是坚持和加强党的全面领导、推进党的建设新的伟大工程的内在要求，是发展中国特色社会主义伟大事业的客观需要，是应对世界百年未有之大变局、实现第二个百年奋斗目标、实现中华民族伟大复兴、实现"未来继续成功"的根本保证。

要教育引导教育对象深刻领会"两个确立"是在实践中逐渐形成的，是实践证明了的科学结论。党的十八大以来，以习近平同志为核心的党中央，统筹国内国际两个大局，统揽伟大斗争、伟大工程、伟大事业、伟大梦想，出台一系列重大方针政策，推出一系列重大举措，推进一系列重大工作，战胜一系列重大风险挑战，解决了许多长期想解决而没有解决的难题，办成了许多过去想办而没有办成的大事，推动党和国家事业取得历史性成就、发生历史性变革，创造了新时代中国特色社会主义的伟大成就，逐步形成了习近平新时代中国特色社会主义思想，确立了习近平同志党中央的核心、全党的核心地位。2016 年 10 月，党的十八届六中全会首次提出了"以习近平同志为核心的党中央”的重大政治命题。2017 年 10 月，党的十九大提出了习近平新时代中国特色社会主义思想，并将其写入党章，提出了坚定维护以习近平同志为核心的党中央权威和集中统一领导的要求。2018 年 10 月，《中国共产党纪律处分条例》提出了党的纪律建设必须坚持以“习近平新时代中国特色社会主义思想为指导”和“坚决维护习近平总书记党中央的核心、全党的核心地位”的要求。党的十九届六中全会首次明确地把“两个确立”写入党的历史决议，正是这些认识的合乎逻辑的发展，反映了时代、实践和人民的要求。

要教育引导教育对象深刻领会确立习近平同志党中央的核心、全党的核心地位的决定性意义。船重千钧，掌舵一人。要教育引导教育对象真正懂得确立习近平同志党中央的核心、全党的核心地位，是马克思主义政党建设的重大原则，是 100 年来我们党的宝贵经验和成功法宝，是历史的选择、时代的选择、人民的选择，是我们党的个人服从组织、少数服从多数，下级服从上级、全党服从中央的民主集中制制度决定的，是关乎党和国家前途命运、党和人民事业成败的根本性问题，是党心所向、民心所向、众望所归、实至名归，是人民群众的历史创造作用和领袖人物对历史发展的开创性和引领性作用的辩证法的生动体现，并自觉地在思想上信赖核心、感情上爱戴核心、政治上维护核心、组织上服从核心、行动上紧跟核心，坚决维护党的领袖的权威，在思想上政治上行动上同以习近平同志为核心的党中央保持高度一致。

要教育引导教育对象深刻领会确立习近平新时代中国特色社会主义思想的指导地位的决定性意义。要教育引导教育对象深刻理解把握习近平新时代中国特色社会主义思想的精髓要义、丰富内涵、重大意义和实践要求，真正懂得习近平新时代中国特色社会主义思想是对马克思列宁主义、毛泽东思想、邓小平理论、“三个代表”重要思想、科学发展观的继承和发展，是马克思主义中国化最新成果，是党和人民实践经验和集体智慧的结晶，是中国特色社会主义理论体系的重要组成部分，是对新时代坚持和发展什么样的中国特色社会主义、怎样坚持和发展中国特色社会主义，建设什么样的社会主义现代化强国、怎样建设社会主义现代化强国，建设什么样的长期执政的马克思主义政党、怎样建设长期执政的马克思主义政党等重大时代课题的科学解答，是对共产党执政规律、社会主义建设规律和人类社会发展规律的认识深化，是全党全国人民为实现中华民族伟大复兴而奋斗的行动指南，是当代中国马克思主义、21 世纪马克思主义。真正懂得确立了习近平新时代中国特色社会主义思想的指导地位，就是确立了科学理论的指导地位，就集中了党和人民的经验智慧和力量，就保证了党的指导思想的连续性和统一性，就遵循了党和国家事业发展的规律性，就为全国各族人民的团结奋斗奠定了深厚的思想基础，并自觉地做习近平新时代中国特色社会主义思想的坚定信仰者、忠实实践者，学懂弄通做实习近平新时代中国特色社会主义思想，奋力开创中国特色社会主义事业发展的新局面。

（三）增强“四个意识”

旗帜鲜明讲政治，首先要通过讲好学好大思政增强“四个意识”，即增强政治意识、大局意识、核心意识、看齐意识。习近平总书记指出：“全党同志要增强政治意识、大局意识、核心意识、看齐意识，切实做到对党忠诚、为党分忧、为党担责、为党尽责。”[1]

1. 增强政治意识

政治意识是对政治问题的反映。增强政治意识，是我们党的一贯要求，是在极其复杂的国际环境下推进中国特色社会主义伟大事业的客观需要，也是上好大思政课的目的。

要坚定正确的政治方向。这是政治意识的目标。中国共产党是代表先进生产力发展要求的党。先进生产力的最终指向，就是中国共产党人的政治方向。从根本上来说，就是生产力与生产关系、经济基础与上层建筑矛盾运动规律所决定的社会主义共产主义方向。从近期来看，就是坚持中国特色社会主义，就是开启全面建设社会主义现代化国家新征程，实现中华民族伟大复兴。更为具体地说，就是党的基本理论基本路线基本方略的指向。要通过上大思政课，教育引导受教育者，懂得和坚持这个政治方向，增强政治敏锐性和政治鉴别力，始终保持清醒的政治头脑，牢记初心使命，以最高理想、现实理想为引领，齐心合力把伟大事业推向前进。

要站稳正确的政治立场。这是政治意识的根基。人民群众是历

[1] 《习近平谈治国理政》第二卷，外文出版社 2017 年版，第 44 页。

史的创造者。中国共产党代表的是中国最广大人民群众的根本利益，人民立场是中国共产党的根本政治立场。要通过上大思政课，教育引导受教育者，坚持人民立场，把人民放在心中最高位置，实现好、维护好、发展好最广大人民的根本利益，把人民拥护不拥护、赞成不赞成、高兴不高兴、答应不答应作为衡量一切工作得失的根本标准。坚持党的群众路线，一切为了人民、一切依靠人民，从群众中来、到群众中去，从人民群众中吸取智慧和力量。坚持以人民为中心的发展思想，发展各项社会事业，使改革发展成果更多更公平惠及全体人民，实现共同富裕。

要坚持党的政治原则。这是政治意识的遵循。党的政治原则很多，如四项基本原则，坚持党的领导，做到“两个维护”，坚持马克思主义指导地位，坚持党章党规党纪，坚持党的基本路线，坚持民主集中制，等等。要通过上大思政课，教育引导受教育者，熟知这些政治原则，真正懂得其内涵、基本要求，将其内化于心、外化于行。树立政治纪律政治规矩，对党忠诚老实、光明磊落，说老实话、办老实事、做老实人，在思想上政治上行动上同党中央保持高度一致。

要坚持政治道路。这是政治意识的实践。要通过上大思政课，教育引导受教育者，坚持中国特色社会主义道路自信、理论自信、制度自信、文化自信，坚持党的基本理论基本路线基本方略，与全国各族人民一道，不断把中国特色社会主义伟大事业推向前进，走向共产主义的美好未来。

2. 增强大局意识

大局，即全局、整体，是整个局势、整个局面；大局意识是对大局的认识和反映。不谋全局者不足以谋一域，不谋万世者不足以谋一时。树立大局意识，认识大局，服从大局，维护大局，是“四个意识”的关键，是中国共产党的政治优势，是我们党的优良传统和成功经验，是开展工作的前提和方法，是上好大思政课的目的。

要正确认识大局。这是增强大局意识的前提。要通过上大思政课，教育引导受教育者，认真学习党的基本理论特别是习近平新时代中国特色社会主义思想，把握其科学的世界观和方法论，真正懂得社会发展的规律、方向和趋势，深刻把握当今世界的总体态势，深刻把握中国特色社会主义建设的总体趋势，深刻认识和把握中国特色社会主义经济建设、政治建设、文化建设、社会建设、生态文明建设的内在联系，全面把握党中央对国际形势的科学判断和国家发展全局的科学谋划，进而形成完整统一的思想认识，形成大局的思想观念。

要自觉从大局看问题。这是增强大局意识的要求。要通过上大思政课，教育引导受教育者，一事当前，要首先考虑全局问题，而不是局部问题，要明晰全局工作的要求，以及局部工作对于全局工作的价值和意义。要深入调查研究，深刻认识局部工作与整体工作的内在联系，自觉地站在全局的高度，来认识局部工作，来定位局部工作，来谋划局部工作，来摆布局部工作，来推动局部工作。

要自觉服从大局。这是增强大局意识的规矩。要通过上大思政课，教育引导受教育者，按照大局要求，立足自身实际，制订计划，完善制度，创新方法，创造性地推动局部工作，以局部工作的成就提升大局工作的成效。当二者发生矛盾时，面对大是大非，要做到小局服从全局，个人利益服从集体利益，局部利益服从整体利益，暂时利益服从长远利益，小道理服从大道理，自觉地与大局保持一致。

要坚决维护大局。这是增强大局意识的落脚点。国家好，民族好，大家才会好。要通过上大思政课，教育引导受教育者，增强维护大局意识，增强斗争精神，坚决反对个人主义、分散主义、自由主义、本位主义、宗派主义、山头主义等错误的思想倾向，坚决维护当前推进中国特色社会主义伟大事业，统筹推进“五位一体”总体布局，协调推进“四个全面”战略布局，开启全面建设社会主义现代化国家新征程和实现中华民族伟大复兴的中国梦这个大局，为党的事业全面健康有序发展贡献自己的力量。

3. 增强核心意识

核心是事物的中心和主要部分。对我们的事业来说，核心就是中国共产党。核心意识是对核心的反映。树立核心意识，坚持党的领导，坚决维护习近平总书记党中央的核心、全党的核心地位，坚决维护党中央权威和集中统一领导，是“四个意识”的根本，是贯彻执行党的民主集中制制度的内在要求，是党的建设经验的科学总结，是进行伟大斗争、推进伟大工程、建设伟大事业、实现伟大梦想的需要，也是上好大思政课的目的。

要坚持以习近平同志为核心的党中央的集中统一领导。这是增强核心意识的要义。要通过上大思政课，教育引导受教育者，真正懂得中国共产党的领导，是历史的选择、人民的选择。真正懂得党的十八大以来以习近平同志为核心的党中央带领人民取得的重大成就，开创了党和国家事业新局面，赢得了党心民心。自觉地坚持以习近平同志为核心的党中央的领导，推动党和国家事业发展。

要紧密团结在以习近平同志为核心的党中央周围。这是增强核心意识的要求。党的团结，是党的生命。要通过上大思政课，教育引导受教育者，拧紧世界观人生观价值观这个"总开关"，增强团结统一的思想基础。学会运用批评和自我批评的这个武器，坚持实事求是，坚持"团结—批评—团结"，坚持"照镜子、正衣冠、洗洗澡、治治病"，讲党性不讲私情、讲真理不讲面子，严于自我解剖，严肃认真提意见，勇于揭露和纠正工作中的缺点，改正不利于团结的言行，维护全党的团结统一，紧密团结在以习近平同志为核心的党中央周围。

要坚决维护以习近平同志为核心的党中央权威。这是增强核心意识的保障。要通过上大思政课，教育引导受教育者，真正懂得维护以习近平同志为核心的党中央权威，是党和国家前途命运所系，是全国各族人民根本利益所在，是保证全党令行禁止、推动党和国家事业健康发展的需要。自觉地把维护以习近平同志为核心的党中央权威，变成思想自觉，变成实际行动，做到党中央提倡的坚决响应、党中央决定的坚决执行、党中央禁止的坚决不做，自觉同党中央保持高度一致。

4. 增强看齐意识

看齐，原意是整队时以特定人为标准排齐队伍，引申为向先进人物看齐，跟上其前进的步伐。看齐意识，特指党的组织、全体党员、党的干部，以党中央为榜样，向以习近平同志为核心的党中央看齐，在思想上政治上行动上同党中央保持高度一致。

看齐意识是“四个意识”的标尺。增强看齐意识，是我们党的重要思想和一贯要求，是中国共产党的政治优势，是党的组织性纪律性的具体体现，是增强“四个意识”的落脚点，是上好大思政课的目的。

要向党中央看齐。这是增强看齐意识的总要求。要通过上大思政课，教育引导受教育者，自觉经常同党中央对标对表，以党的旗帜为旗帜，以党的意志为意志，以党的使命为使命，校准自己的思想和行动，自觉地向以习近平同志为核心的党中央看齐。

要向党的理论和路线方针政策看齐。这是增强看齐意识的认识性要求。要通过上大思政课，教育引导受教育者，结合实际，认真学习党的基本理论基本路线基本方略，认真学习党的十九大和十九届二中、三中、四中、五中、六中全会精神，准确把握其基本内容、精神内涵、基本要求，准确把握其科学的立场观点方法，内化于心、外化于行，经常、主动地调整自己的言行，创造性地把党的理论和路线方针政策落到实处、产生实效。

要向党中央的决策部署看齐。这是增强看齐意识的实践性要求。

增强看齐意识，归根到底，要落实到行动上，落实到工作中去，要求一切工作都围绕党中央决策部署来进行。要通过上大思政课，教育引导受教育者，真正懂得党中央统筹推进经济建设、政治建设、文化建设、社会建设、生态文明建设的总体布局，协调推进全面建设社会主义现代化国家、全面深化改革、全面依法治国、全面从严治党的战略布局，坚定不移贯彻创新、协调、绿色、开放、共享的新发展理念，坚持稳中求进工作总基调，以推动高质量发展为主题，以深化供给侧结构性改革为主线，以改革创新为根本动力，以满足人民日益增长的美好生活需要为根本目的，统筹发展和安全，加快建设现代化经济体系，加快构建以国内大循环为主体、国内国际双循环相互促进的新发展格局，推进国家治理体系和治理能力现代化，实现经济行稳致远、社会安定和谐，为全面建设社会主义现代化国家开好局、起好步，努力实现中华民族伟大复兴的中国梦，共同构建人类命运共同体等一系列决策部署，并将其落到实处。

要严格遵守党的纪律规矩。这是增强看齐意识的保障。没有纪律规矩，谈不上看齐意识。要通过上大思政课，教育引导受教育者特别是领导干部，提高遵守和运用党的纪律规矩的能力，把纪律规矩挺在前面，严于律己，以上率下，严格遵循党章党规党纪，并用纪律规矩规范党员、引导群众，确保向党中央看齐。

（四）坚定“四个自信”

自信就是力量。习近平总书记指出：“有了‘自信人生二百年，会当水击三千里’的勇气，我们就能毫无畏惧面对一切困难和挑战，就能坚定不移开辟新天地、创造新奇迹。”[1]

中国特色社会主义，是中国特色社会主义道路、理论、制度和文化的有机统一，是现阶段共同的政治理想，是我们党领导和推动的伟大事业，是当代中国最大的政治。上好大思政课，就要旗帜鲜明讲政治，就要讲出政治自信，讲出“四个自信”，即道路自信、理论自信、制度自信、文化自信，成为自信的中国特色社会主义建设者和接班人。

第一，坚定中国特色社会主义道路自信。中国特色社会主义道路是在中国共产党领导下，立足基本国情，以经济建设为中心，坚持四项基本原则，坚持改革开放，解放和发展社会生产力，建设社会主义市场经济、社会主义民主政治、社会主义先进文化、社会主义和谐社会、社会主义生态文明，促进人的全面发展，逐步实现全体人民共同富裕，建设富强民主文明和谐美丽的社会主义现代化强国。习近平总书记指出：“我们要坚信，中国特色社会主义道路是实现社会主义现代化的必由之路，是创造人民美好生活的必由之路。”[2]坚持中国特色社会主义道路自信，就是要通过上大思政课，教育引导受教育者，坚定不移走这条道路，与时俱进拓展这条道路。

第二，坚持中国特色社会主义理论自信。中国特色社会主义理论，是包括邓小平理论、“三个代表”重要思想、科学发展观、习近平

[1] 习近平：《坚定文化自信，建设社会主义文化强国》，《求是》2019 年第 12 期。
[2] 习近平：《坚定文化自信，建设社会主义文化强国》，《求是》2019 年第 12 期。

新时代中国特色社会主义思想在内的科学理论体系。中国特色社会主义理论体系是中国特色社会主义的行动指南。习近平总书记指出："我们要坚信，中国特色社会主义理论体系是指导党和人民沿着中国特色社会主义道路实现中华民族伟大复兴的正确理论，是立于时代前沿、与时俱进的科学理论。"[1]坚定中国特色社会主义理论自信，就是要通过上大思政课，教育引导受教育者，对中国特色社会主义理论体系坚信不疑，坚持以中国特色社会主义理论体系武装头脑，把中国特色社会主义理论体系与实际工作相结合，在实践中检验、丰富、发展中国特色社会主义理论体系，推动中国特色社会主义事业发展。

第三，坚持中国特色社会主义制度自信，增强中国特色社会主义制度定力。中国特色社会主义制度是人民代表大会的根本政治制度，中国共产党领导的多党合作和政治协商制度、民族区域自治制度以及基层群众自治制度等基本政治制度，中国特色社会主义法律体系，公有制为主体、多种所有制经济共同发展的基本经济制度，以及建立在这些制度基础上的经济体制、政治体制、文化体制、社会体制等各项具体制度。习近平总书记指出："我们要坚信，中国特色社会主义制度是当代中国发展进步的根本制度保障，是具有鲜明中国特色、明显制度优势、强大自我完善能力的先进制度。"[2]坚持中国特色社会主义制度自信，就是要通过上大思政课，教育引导受

[1] 习近平：《坚定文化自信，建设社会主义文化强国》，《求是》2019 年第 12 期。

[2] 习近平：《坚定文化自信，建设社会主义文化强国》，《求是》2019 年第 12 期。

教育者，对中国特色社会主义制度充满信心，坚持把根本政治制度、基本政治制度、基本经济制度以及各方面体制机制等具体制度有机结合起来，坚持把国家层面民主制度同基层民主制度有机结合起来，坚持把党的领导、人民当家作主、依法治国有机结合起来，改革完善中国特色社会主义制度体系，发挥中国特色社会主义制度优势，为中国发展进步提供根本制度保障。

第四，坚持中国特色社会主义文化自信。中国特色社会主义文化，是以马克思主义为指导，坚持为人民服务、为社会主义服务的方向，坚持百花齐放、百家争鸣的方针，坚持贴近实际、贴近生活、贴近群众的原则，以培育有理想、有道德、有文化、有纪律的公民为目标，建设面向现代化、面向世界、面向未来的，民族的科学的大众的社会主义文化。习近平总书记指出："文化自信，是更基础、更广泛、更深厚的自信。"[1] 坚持中国特色社会主义文化自信，就是要通过上大思政课，教育引导受教育者，对中国特色社会主义文化充满信心，坚持马克思主义的指导，坚持"二为"方向和"双百"方针，坚定不移地走中国特色社会主义文化发展之路，自觉弘扬和践行社会主义核心价值观，弘扬和践行以爱国主义为核心的民族精神和以改革创新为核心的时代精神，争做"四有"公民，努力推动社会主义文化大发展大繁荣，建设社会主义文化强国，不断增强全党全国各族人民的精神力量。

[1] 习近平：《坚定文化自信，建设社会主义文化强国》，《求是》2019 年第 12 期。

“四个自信”源自科学。要教育引导受教育者，真正懂得：走中国特色社会主义道路要坚持中国共产党的领导，切合中国国情，符合生产力决定生产关系、经济基础决定上层建筑基本原理，符合社会主义社会全面发展的要求，是一条正确的发展道路。中国特色社会主义理论体系是社会主义的理论成果，坚持了科学社会主义基本原则，科学地回答了什么是社会主义、怎样建设社会主义，建设什么样的党、怎样建设党，实现什么样的发展、怎样发展等一系列重大理论和实践问题，深化了对共产党执政规律、社会主义建设规律、人类社会发展规律的认识，是科学真理。中国特色社会主义制度是中国共产党人的伟大创造，人民代表大会制度这个根本政治制度、中国共产党领导的多党合作和政治协商制度、民族区域自治制度以及基层群众自治制度等基本政治制度，中国特色社会主义法律体系，反映了社会主义经济基础的要求；公有制为主体、多种所有制经济共同发展的基本经济制度，反映了社会主义初级阶段生产力的发展要求；社会主义现阶段的经济体制、政治体制、文化体制、社会体制等各项具体制度，反映了社会主义制度以及历史文化等要求。这些都体现着马克思主义的基本原理，如共产党的领导，人民民主，生产资料公有制，体现着生产力决定生产关系、经济基础决定上层建筑、制度决定体制等基本原理，是科学的制度。中国特色社会主义文化，面向现代化、面向世界、面向未来，贴近实际、贴近生活、贴近群众，积淀着中华民族最深层的精神追求，符合文化发展的规律，是一种科学的文化。坚持中国特色社会主义“四个自信”，就是坚信真理。

“四个自信”源自人民。要教育引导受教育者，真正懂得：中国特色社会主义道路，以人民群众为主体，以人的全面发展、逐步实现全体人民共同富裕为目标，体现着人民群众的根本利益，是人民群众的富裕路、幸福路。中国特色社会主义理论，具有人民性，不仅科学地总结了人民群众的实践经验，而且强调共同富裕，始终代表中国最广大人民的根本利益，以人民为本，等等。中国特色社会主义制度是人民的创造，是人民的制度，体现着人民当家作主的愿望和要求，体现着人民共同富裕的愿望和要求，是人民物质利益和政治利益的根本保证。中国特色社会主义文化，是为了人民、人民创造、人民享有的大众文化。坚持中国特色社会主义“四个自信”，就是坚信人民。

“四个自信”源自实践。要教育引导受教育者，真正懂得：实践是检验真理的唯一标准。沿着中国特色社会主义道路，我国经济社会发展迈上了新台阶，人民生活水平迈上了新台阶，综合国力、国际竞争力、国际影响力显著增强，国家面貌发生了新的历史性变化，证明了这条道路的正确性。中国特色社会主义理论体系来自实践，服务实践，是被实践证明了的科学的世界观和方法论。中国特色社会主义制度，是有利于政局稳定，有利于增进人民团结、改善人民生活，有利于巩固社会主义经济基础，有利于生产力发展，是适合我国国情、具有中国特色的政治制度、经济制度及体制，是我们的政治优势。中国特色社会主义文化，传承着中华民族优秀文化基因，彰显着民族精神和时代精神，是符合人类文化发展趋势，能够引领社会风尚、教育人民、服务社会、推动发展，满足人民需要的文化。坚持中国特色社会主义“四个自信”，就是坚信实践。

（五）做到“两个维护”

“两个维护”，即坚决维护习近平总书记党中央的核心、全党的核心地位，坚决维护党中央权威和集中统一领导。

做到“两个维护”，是坚持党的集中统一领导的关键。党政军民学，东西南北中，党是领导一切的。党的领导，是历史和人民的选择，是党的先进性决定的，是我国的经济基础决定的，是新时代的客观需要，是党和国家的根本所在、命脉所在，是全国各族人民的利益所在、幸福所在，是我们党的优良传统和一贯做法，是中国特色社会主义最本质的特征，是中国特色社会主义制度的最大优势。而要发挥好这个优势，关键是做到“两个维护”，正如邓小平所说：“任何一个领导集体都要有一个核心，没有核心的领导是靠不住的。”[1] 没有核心，就会软弱无力，甚至成为一盘散沙，就谈不上党的集中统一领导。

做到“两个维护”，是党的纪律规定。《中国共产党纪律处分条例》明确：党的纪律建设必须坚持以马克思列宁主义、毛泽东思想、邓小平理论、“三个代表”重要思想、科学发展观、习近平新时代中国特色社会主义思想为指导，坚持和加强党的全面领导，坚决维护习近平总书记党中央的核心、全党的核心地位，坚决维护党中央权威和集中

[1] 《邓小平文选》第三卷，人民出版社 1993 年版，第 310 页。

统一领导，落实新时代党的建设总要求和全面从严治党战略部署，全面加强党的纪律建设。《中国共产党组织处理规定（试行）》规定："在重大原则问题上不同党中央保持一致，有违背'四个意识'、'四个自信'、'两个维护'错误言行的""贯彻落实党的基本理论、基本路线、基本方略和党中央决策部署不力，做选择、打折扣、搞变通，造成不良影响或者严重后果的"，应当受到组织处理。

大思政要求旗帜鲜明讲政治，不仅要教育引导教育对象增强"四个意识"、坚定"四个自信"，更要教育引导教育对象做到"两个维护"。

要教育引导教育对象真正懂得坚持和加强党的全面领导，最重要的是坚决维护党中央权威和集中统一领导；坚决维护党中央权威和集中统一领导，最关键的是坚决维护习近平总书记党中央的核心、全党的核心地位，以此增强做到"两个维护"的自觉性。

要教育引导教育对象从历史和现实、理论和实践、国内和国际的结合上深刻认识、强化认同，不断增强拥护核心、跟随核心、捍卫核心的思想自觉政治自觉行动自觉，认真对标对表，及时校正偏差，始终同以习近平同志为核心的党中央保持高度一致，做到党中央提倡的坚决响应、党中央决定的坚决执行、党中央禁止的坚决不做。

要教育引导教育对象以党章为根本依据，不断完善保障"两个维护"的制度机制，严格执行党内法规，做到个人服从党的组织，少数服从多数，下级组织服从上级组织，全党各个组织和全体党员服从党的全国代表大会和中央委员会，加强对贯彻执行党的路线方针政策和决议情况的督促检查，完善党中央重大决策部署和习近平总书记重要指示批示贯彻落实的督查问责机制，严肃查出违背“两个维护”的错误言行，净化政治生态。

要教育引导教育对象以正确的认识、积极的行动做到“两个维护”，牢记“国之大者”，补齐政治意识不强、政治立场不稳、政治能力不足、政治行为不端等短板，防止和反对个人主义、分散主义、自由主义、本位主义，坚决防止和纠正一切偏离“两个维护”的错误言行，不搞任何形式的“低级红”“高级黑”，决不对党中央阳奉阴违、做两面人、搞两面派、搞“伪忠诚”，坚决维护习近平总书记党中央的核心、全党的核心地位。

（六）牢记“国之大者”

什么是“国之大者”？有人认为：“‘国之大者’就是责之重者。”[1] 有人认为：“大者，即全局性、根本性的大事。”“‘国之大者’，事关全局、事关根本、事关未来、事关党和国家事业兴衰成败。”[2] 有人认为：“‘国之大者’是中国古代政治家和思想家们总结提出的关于治国理政的标识性概念，体现着国家治理中关于国势、国运等重大问题的战略性思考。”[3] 有人认为：“‘大’在境界，秉持马克思主义人民至上的价值论。”“‘大’在格局，坚持马克思主义唯物主义

[1] 《全国政协十三届四次会议闭幕》，人民网 2021 年 3 月 11 日。
[2] 孙家斌、张汉铎：《牢记“国之大者”》，《解放军报》2021 年 7 月 22 日。
[3] 朱昌荣、刘文星：《“国之大者”的历史内涵和启示》，《光明日报》2021 年 7 月 23 日。

的辩证法。”“‘大’在担当，蕴含马克思主义知行合一的实践观。”[1]尽管这些认识不尽相同，但都是有益的。

对此，习近平总书记也有一段深刻的论述：“要自觉讲政治，对国之大者要心中有数，关注党中央在关心什么、强调什么，深刻领会什么是党和国家最重要的利益、什么是最需要坚定维护的立场，切实把增强‘四个意识’、坚定‘四个自信’、做到‘两个维护’落到行动上，不能只停留在口号上。”[2]全面准确地阐释了“国之大者”问题。

第一，“国之大者”是政治上的事情，也就是自觉讲政治，从政治的高度来看待的事情。

第二，“国之大者”是党中央关注的事情，也就是党中央在关心什么、强调什么的事情。

第三，“国之大者”是党和国家的利益和立场，也就是深刻领会什么是党和国家最重要的利益、什么是最需要坚定维护的立场。

简而言之，“国之大者”是关乎党和国家根本利益和立场的、党中央关心强调的政治大事。这样的政治大事很多，如党的全面领导，中国特色社会主义道路，国家富强、民族复兴、人民幸福，社会主义现代化强国，把握新发展阶段、贯彻新发展理念、构建新发展格局，保护好生态环境，等等。

---

[1] 董振华、王宜科：《把握心怀“国之大者”蕴含的价值和逻辑》，人民网 2021 年 3 月 30 日。

[2]《习近平：扎实做好“六稳”工作落实“六保”任务 奋力谱写陕西新时代追赶超越新篇章》，人民网 2020 年 4 月 24 日。

"国之大者"作为国家的政治大事，关乎增强"四个意识"、坚定"四个自信"、做到"两个维护"，关乎人们是否真正在思想上政治上行动上同党中央保持高度一致，因此，旗帜鲜明讲政治，必须牢记"国之大者"。

从实际工作来看，有的党员干部还不善于从政治上观察和处理问题，政治意识不强、政治敏锐性不高，对政治要求、政治规矩、政治纪律不上心，对各种问题的政治危害性不走心，对贯彻落实党中央的大政方针不用心，对党中央关心什么、强调什么不关心，对党和国家的利益和立场不尽心，致使增强"四个意识"、坚定"四个自信"、做到"两个维护"成了一句空话，因此，强调"国之大者"重要而迫切。

要善于从政治上看问题。这是牢记"国之大者"的立场。历史经验表明：政治上的主动是最有利的主动，政治上的被动是最危险的被动。讲政治是对党员干部最基本的要求。要增强政治意识，增强政治敏锐性，提高政治鉴别力，善于从一般事物中发现政治问题，善于从倾向性、苗头性问题中发现政治端倪，善于从错综复杂的矛盾关系中把握政治逻辑，自觉地从政治上观察、分析和处理各种问题。要把准政治方向，善于从共产主义、中国特色社会主义、全面建设社会主义现代化国家新征程、实现中华民族伟大复兴的角度来观察和纠正问题，确保"国之大者"的政治方向不偏离。要站稳政治立场，善于从中国最广大人民群众的根本利益、以人民为中心、共同富裕的视角来观察和处理问题，确保"国之大者"的政治立场不动摇。要坚守政治原则，经常地从四项基本原则、党的领导、"两个维护”等视角来观察和处理问题，确保“国之大者”的政治原则不动摇。要坚持政治道路，经常地从中国特色社会主义道路自信、理论自信、制度自信、文化自信，党的基本理论基本路线基本方略的视角观察和处理问题，确保“国之大者”的政治道路不动摇。以此，使讲政治从外部要求转化为内在自觉。

要提升政治“三力”，即政治判断力、政治领悟力和政治执行力。这是牢记“国之大者”的本领。牢记“国之大者”，关键在于行动。行动的根基在于能力。这就要求我们，提升政治判断力，以国家政治安全为大、以人民为重、以坚持和发展中国特色社会主义为本，增强科学把握形势变化、精准识别现象本质、清醒明辨行为是非、有效抵御风险挑战的能力，做到在重大问题和关键环节上头脑特别清醒、眼睛特别明亮。提升政治领悟力，深入学习、融会贯通党中央精神，坚持用党中央精神分析形势、推动工作，始终同党中央保持高度一致。提升政治执行力，经常同党中央精神对表对标，切实做到党中央提倡的坚决响应，党中央决定的坚决执行，党中央禁止的坚决不做，坚决维护党中央权威和集中统一领导，做到不掉队、不走偏，不折不扣抓好党中央精神贯彻落实；要把坚持底线思维、坚持问题导向贯穿工作始终，做到见微知著、防患于未然；要强化责任意识，知责于心、担责于身、履责于行，敢于直面问题，不回避矛盾，不掩盖问题，出了问题敢于承担责任。

要观大势、谋全局、抓大事。这是牢记“国之大者”的要义。不谋全局者，不足以谋一域。“国之大者”，是大势之大，全局之大，大事之大。要顺应人类历史的发展趋势、经济全球化的发展趋势和中国特色社会主义的发展趋势，立足中华民族伟大复兴战略全局和世界百年未有之大变局，来认识、思考、处理“国之大者”，深刻把握党中央的重大战略、重大政策、重大任务、重大工作，深刻把握党的全面领导、紧紧依靠人民创造历史、马克思主义中国化、中国特色社会主义、加快国防和军队现代化、新的历史特点的伟大斗争、构建人类命运共同体、中华儿女大团结等国之大事，经常对表对标，及时校准偏差，不断提高政治能力、战略眼光、专业水平，敢于担当、善于作为，多打大算盘、算大账，少打小算盘、算小账，善于把地区和部门的工作融入党和国家事业大棋局，既为一域争光、更为全局添彩，把党中央决策部署贯彻落实好。

要彻底摒弃形式主义、官僚主义。这是牢记“国之大者”的要求。形式主义、官僚主义是“国之大者”的大敌，误党误国，害人害己。要认真贯彻落实中央八项规定及其实施细则精神，认真纠正“四风”特别是克服形式主义、官僚主义问题，突出“实”、力戒“虚”，切实为基层减负。要大力弘扬实事求是的优良作风，弘扬坚持真理坚守理想、践行初心担当使命、不怕牺牲英勇斗争、对党忠诚不负人民的伟大建党精神，尊重客观规律，一是一，二是二，不做表面文章，不照搬照抄当“留声机”，真抓实做，把“国之大者”一件一件落到实处。要加强对“国之大者”落实情况的监督检查，对任何形式主义和官僚主义，发现一起，查处一起，绝不手软，以强有力的监督防范形式主义、官僚主义的发生。

四 大思政的根本保证

党政军民学，东西南北中，党是领导一切的。党的领导是中国特色社会主义最本质的特征，是中国特色社会主义制度的最大优势，是党和国家的根本所在、命脉所在，是做好大思政工作的“定海神针”。习近平总书记指出：“以史为鉴、开创未来，必须坚持中国共产党坚强领导。”[1] 坚持党对大思政的领导，要把思政课建设摆上重要议程，把牢思政课的发展方向，建立完善大思政工作格局，为大思政提供有力的根本保证。

（一）坚持党对大思政的领导

“壹引其纲，万目皆张。”坚持党对大思政的领导是党的优良传统。中国共产党是在传播马克思主义，并与中国工人运动的结合中诞生的，同大思政、学校具有天然联系。1898 年，上海出版了一部介绍欧洲社会主义学说的著作——《泰西民法志》。1902 年，梁启超在《新民

[1] 习近平：《在庆祝中国共产党成立 100 周年大会上的讲话》，《人民日报》2021 年 7 月 2 日。

丛报》上发表文章介绍马克思。1912年3月31日，《民权报》上刊登了一则《中国共产党征集同志》启事。五四运动后，以李大钊、陈独秀、毛泽东、周恩来等为代表的一批具有初步共产主义思想的知识分子，开始到工人群众中宣传马克思主义，推动马克思主义和中国工人运动相结合。1915年9月15日，陈独秀在上海主编《青年杂志》，后改为《新青年》，1917年初，陈独秀任北京大学文科学长，编辑部随之移至北京。1920年3月，李大钊和邓中夏、黄日葵等在北京大学建立马克思学说研究会。1920年8月，陈望道翻译的《共产党宣言》在上海出版。在共产国际帮助下，1920年8月，陈独秀与李汉俊、俞秀松等人在上海成立了中国第一个共产党组织。同年10月，在北京大学图书馆李大钊的办公室成立北京共产党早期组织。到1921年春，长沙、武汉、济南、广州，以及旅日、旅法的华人中也成立了共产党早期组织。1921年7月23日至8月3日，中国共产党第一次全国代表大会先后在上海和嘉兴召开，正式宣告中国共产党成立。党成立后，非常重视对思想政治工作的领导。新民主主义革命时期，不仅注重在人民大众中开展思想政治工作、宣传马克思主义，而且还在革命根据地的一些学校开设马克思主义课程，如前所述的在红军大学、抗日军政大学、陕北公学等开设党的建设、中国革命运动史、马克思列宁主义、辩证唯物主义、科学社会主义等课程。新中国成立后，党对思想政治教育的领导进入新阶段，创立中国人民大学，明确党的教育方针，召开全国政治理论课工作会议，出台《中共中央、国务院关于教育工作的指示》、《关于组织高等学校文科师生参加社会主义教育运动的通知》、"高教六十条"，明确高等学校是党委领导下的以校长为首的校务委员会负责制，开展社会主义教育，加强学校思想政治教育，培养"又红又专"的人才。改革开放新时期，恢复和加强党对思想政治教育工作的领导，开展真理标准大讨论，改革和完善党委领导下的校长负责制，出台《关于加强高等学校学生思想政治工作的意见》《关于改进和加强高等学校思想政治工作的决定》《关于加强和改进高等学校马克思主义理论教育的若干意见》《关于改革学校思想品德和政治理论课程教学的通知》《中共中央关于进一步加强和改进学校德育工作的若干意见》《中国普通高等学校德育大纲》《关于加强学术道德建设的若干意见》《关于加强普通高等学校大学生心理健康教育工作的意见》《关于进一步加强和改进高等学校思想政治理论课的意见》《中共中央关于加强高等学校党的建设的通知》《中国教育改革和发展纲要》《教育部关于加强依法治校工作的若干意见》《关于进一步加强和改进大学生思想政治教育的意见》《关于加强和改进在大学生中发展党员工作和大学生党支部建设的意见》《关于加强民办高校党的建设工作的若干意见》《关于加强普通高等学校基层党组织建设的意见》《中国共产党普通高等学校基层组织工作条例》《关于加强党的建设的通知》《中共中央关于加强党的建设几个重大问题的决定》等文件，把思想政治建设放在首位，深化高等学校、军队院校思想政治理论课教学改革，先后实施政治理论课"85""98""05"教学方案，推进"三进"工作，组织青年学生学习马克思主义著作，在少数民族地区开展马克思主义民族理论与民族政策教育，培养"四有"新人。进入新时代，以习近平同志为核心的党中央，大力推进全面从严治党，加强党的领导，开展党的群众路线教育实践活动、“三严三实”专题教育、“两学一做”学习教育、“不忘初心、牢记使命”主题教育、党史学习教育等一系列教育活动，出台《关于坚持和完善普通高等学校党委领导下的校长负责制的实施意见》《关于进一步加强和改进新形势下高校宣传思想工作的意见》《关于加强和改进新形势下高校思想政治工作的意见》《普通高等学校学生党建工作标准》《关于加强新形势下高校教师党支部建设的意见》《高校思想政治工作质量提升工程实施纲要》《关于高校党组织“对标争先”建设计划的实施意见》《关于高校教师党支部书记“双带头人”培育工程的实施意见》等制度，把党对高校思想政治工作的领导提升到新水平。

坚持党对大思政工作的领导，是坚持党的全面领导的应有之义。党领导一切体现在各个领域、各个环节、各个方面，不仅要领导立法、司法、行政、监察机关，经济、人民团体、工会、共产主义青年团、妇女联合会，还要领导教育文化组织；不仅要领导中国特色社会主义的经济建设、政治建设、社会建设、生态文明建设，还要领导文化建设包括思想政治工作。党章明确：中国共产党领导人民发展社会主义先进文化。建设社会主义精神文明，实行依法治国和以德治国相结合，提高全民族的思想道德素质和科学文化素质，为改革开放和社会主义现代化建设提供强大的思想保证、精神动力和智力支持，建设社会主义文化强国。加强社会主义核心价值体系建设，坚持马克思主义指导思想，树立中国特色社会主义共同理想，弘扬以爱国主义为核心的民族精神和以改革创新为核心的时代精神，培育和践行社会主义核心价值观，倡导社会主义荣辱观，增强民族自尊、自信和自强精神，抵御资本主义和封建主义腐朽思想的侵蚀，扫除各种社会丑恶现象，努力使我国人民成为有理想、有道德、有文化、有纪律的社会主义公民。对党员要进行共产主义远大理想教育。大力发展教育、科学、文化事业，推动中华优秀传统文化创造性转化、创新性发展，继承革命文化，发展社会主义先进文化，提高国家文化软实力。牢牢掌握意识形态工作领导权，不断巩固马克思主义在意识形态领域的指导地位，巩固全党全国人民团结奋斗的共同思想基础。这些正是关于党对大思政工作领导的具体要求。

坚持党对大思政工作的领导，体现着我们党的经验教训。在百年奋斗历程中，我们党有加强党的领导，开展思想政治教育工作，促进中国革命的成功经验。比如，在党的正确领导下，通过有力的思想政治工作，1935 年 12 月 9 日，北平爱国学生数千人，举行了声势浩大的抗日救国示威游行，喊出了“反对华北自治运动”“打倒日本帝国主义”“停止内战，一致对外”等爱国主义口号，极大地唤起了全国人民的爱国热情，推动形成了全国抗日救国的新高潮。1947 年 5 月 20 日，南京、上海、苏州、杭州、天津、北平等地的大专院校学生，开展了“反饥饿、反内战”游行，运动扩大到国民党统治区 60 多个城市，形成了反对国民党统治的人民大革命的第二条战线。除此之外，在百年历程中也有弱化党的领导，弱化思想政治工作的深刻教训。历史上的经验教训，要求我们必须加强党对大思政工作的领导。

坚持党对大思政工作的领导，是制度规定。党章明确：党要适应改革开放和社会主义现代化建设的要求，坚持科学执政、民主执政、依法执政，加强和改善党的领导。党必须按照总揽全局、协调各方的原则，在同级各种组织中发挥领导核心作用。企业、农村、机关、学校、科研院所、街道社区、社会组织、人民解放军连队和其他基层单位，凡是有正式党员三人以上的，都应当成立党的基层组织。实行党委领导下的行政领导人负责制的事业单位中党的基层组织，对重大问题进行讨论和作出决定，同时保证行政领导人充分行使自己的职权。《关于坚持和完善普通高等学校党委领导下的校长负责制的实施意见》明确："党委领导下的校长负责制是中国共产党对国家举办的普通高等学校（以下简称'高等学校'）领导的根本制度，是高等学校坚持社会主义办学方向的重要保证，必须毫不动摇、长期坚持并不断完善。""高等学校党的委员会是学校的领导核心，履行党章等规定的各项职责，把握学校发展方向，决定学校重大问题，监督重大决议执行，支持校长依法独立负责地行使职权，保证以人才培养为中心的各项任务完成。""领导学校思想政治工作和德育工作，坚持用中国特色社会主义理论体系武装师生员工头脑，培育和践行社会主义核心价值观，牢牢掌握学校意识形态工作的领导权、管理权、话语权。维护学校安全稳定，促进和谐校园建设。"[1]

---

[1] 《中共中央办公厅印发＜关于坚持和完善普通高等学校党委领导下的校长负责制的实施意见＞》，人民网2014年10月15日。

《中国共产党普通高等学校基层组织工作条例》明确："高校实行党委领导下的校长负责制。""领导学校思想政治工作和德育工作，落实意识形态工作责任制，维护学校安全稳定，促进和谐校园建设。"《中华人民共和国高等教育法》明确："国家举办的高等学校实行中国共产党高等学校基层委员会领导下的校长负责制。"这些为党领导大思政工作提供了制度保障。

（二）把思政课建设摆上重要议程

党对大思政工作的领导，是全面的、多样的、具体的，既有对学生思政工作的领导，也有对干部群众思政工作的领导；既有对队伍建设工作的领导，也有对课程建设、思政制度建设等工作的领导，但基本的领导工作还在于学生的思想政治工作、思政课建设工作。对此，习近平总书记指出："思想政治理论课是落实立德树人根本任务的关键课程。青少年阶段是人生的'拔节孕穗期'，最需要精心引导和栽培。我们办中国特色社会主义教育，就是要理直气壮开好思政课，用新时代中国特色社会主义思想铸魂育人，引导学生增强中国特色社会主义道路自信、理论自信、制度自信、文化自信，厚植爱国主义情怀，把爱国情、强国志、报国行自觉融入坚持和发展中国特色社会主义事业、建设社会主义现代化强国、实现中华民族伟大复兴的奋斗之中。思政课作用不可替代，思政课教师队伍责任重大。"[1]

[1] 《习近平谈治国理政》第三卷，外文出版社 2020 年版，第 329 页。

第一，要提升认识站位。古人说，敬教劝学，建国之大本；兴贤育才，为政之先务。教育是国之大计、党之大计，是民族振兴、社会进步的重要基石，是功在当代、利在千秋的德政工程。经过长期不懈努力，2020 年我国各级各类学历教育在校生已经达到 2.7 亿人，各类高等教育在学总规模达到 3779 万人。[1] 思政课是落实立德树人根本任务的关键课程，对于培养好这些人才，提高人民综合素质，促进人的全面发展，培养担当民族复兴大任的时代新人，培养德智体美劳全面发展的社会主义建设者和接班人，实现中华民族伟大复兴的中国梦，具有不可替代的作用。习近平总书记非常关心这个问题。我们要从贯彻落实习近平总书记的重要要求的政治高度，从培养党的建设者和接班人的百年大计，从党的事业健康发展的现实要求，来看待和认识思政课建设问题，自觉地把思政课建设摆上重要议程。

第二，要把牢思政方向。这是党的领导的首要问题。差之毫厘，谬以千里。我们党非常重视思想政治教育和思政课的方向。《中国共产党中央委员会工作条例》明确："中央委员会、中央政治局、中央政治局常务委员会是党的组织体系的大脑和中枢，在推进中国特色社会主义事业中把方向、谋大局、定政策、促改革。""党中央举旗定向、掌舵领航，指引党和国家事业的前进方向。加强政治引领，坚定不移走中国特色社会主义道路。加强思想引领，用习近平新时

[1] 习近平:《思政课是落实立德树人根本任务的关键课程》,《求是》2020 年第 17 期。

代中国特色社会主义思想武装全党、教育人民。”《中国共产党地方委员会工作条例》明确：“党的地方委员会主要实行政治、思想和组织领导，把方向、管大局、作决策、保落实”“加强对本地区宣传思想文化工作的领导，牢牢掌握意识形态工作领导权、话语权”。《关于坚持和完善普通高等学校党委领导下的校长负责制的实施意见》明确：“高等学校党的委员会是学校的领导核心，履行党章等规定的各项职责，把握学校发展方向，决定学校重大问题，监督重大决议执行，支持校长依法独立负责地行使职权，保证以人才培养为中心的各项任务完成。”这些都包含着把握思想政治教育的方向，把握思政课的方向。各级党委特别是学校党委、党组织，要认真履行职责，提高政治判断力、政治领悟力、政治执行力，贯彻执行党的教育方针，把牢学校意识形态工作的领导权、管理权、话语权，将社会主义办学方向，贯穿于教学目标设计、课程设置、教材编写、教学改革、教师培养、考核评价等各个环节，管好主力军、主战场、主渠道，把牢共产主义、中国特色社会主义的发展方向，及时纠正教学中的偏差和问题，确保思政课为人民服务、为中国共产党治国理政服务、为巩固和发展中国特色社会主义制度服务、为改革开放和社会主义现代化建设服务，培养中国特色社会主义事业的合格建设者和可靠接班人。

第三，要纳入“第一议题”。这是坚持好党的领导的重要方法。这就要求，利用党委（党组）“第一议题”，认真学习研究习近平新时代中国特色社会主义思想特别是习近平总书记关于思想政治教育的重要论述，及时把握习近平总书记的新要求，将其纳入形势政策课和课堂教学，对标对表，纠正偏差，确保与党中央保持高度一致。

第四，要定期研究解决问题。这是党的领导的要求。思政课是落实立德树人根本任务的关键课程，发挥着其他课程不可替代的作用。党的十八大以来，以习近平同志为核心的党中央高度重视思政课建设，思政课建设取得了显著成效，但仍然存在着不容忽视的问题。有的地方和学校对思政课重要性认识不够到位，课堂教学效果还需提升，教材内容不够鲜活，教师选配和培养工作存在短板，体制机制不够完善，专业教育与思政教育“两张皮”，评价和支持体系不够健全，大中小学思政课一体化建设统筹不够，民办学校、中外合作办学思政课建设相对薄弱，各类课程同思政课建设的协同效应有待增强，学校、家庭、社会协同推动思政课建设的合力不够，全党全社会关心支持思政课建设的氛围不够浓厚，等等。这些问题，在各地各学校的表现是不同的。加强党的领导，必须深入调查研究，从实际出发，研究、分析、解决工作格局、队伍建设、支持保障等方面问题，在解决一个个问题中把党对思政课的领导落到实处。

（三）建立完善大思政工作格局

有什么样的思政工作格局，就会有什么样的思想政治工作局面。《关于新时代加强和改进思想政治工作的意见》明确，完善领导体制和工作机制，完善党委统一领导、党政齐抓共管、宣传部门组织协调、有关部门和人民团体分工负责、全党全社会共同参与的思想政治工作大格局。这为建立完善大思政工作格局明确了方向。

加强和改进思想政治工作，必须全党动手，全社会共同参与。

一是完善领导体制和工作机制。完善党委统一领导、党政齐抓共管、宣传部门组织协调、有关部门和人民团体分工负责、全党全社会共同参与的思想政治工作大格局，充分发挥各部门职能作用，工会、共青团、妇联等群团组织要充分发挥联系人民群众的桥梁和纽带作用。深化思想政治工作研究会改革，加强思想政治工作学科建设和高端智库建设。

二是打造专兼结合的工作队伍。配齐配强以党务和宣传干部、学校思想政治理论课教师和辅导员班主任、机关企事业单位政工干部和群团干部、城乡社区工作者为主体的思想政治工作骨干队伍，充实优化以党员干部、学校教师、“五老”人员、英雄模范、公众人物及各行各业代表人士为主体的兼职工作队伍，不断壮大以文明实践志愿者为主体的志愿服务工作队伍。深化思想政治工作人员专业技术职务评聘制度改革，将政工职称纳入国家专业技术职务序列。

三是用好各级各类文化设施和阵地。加强各级各类党员教育培训基地、爱国主义教育基地、民族团结教育基地等的规划建设和管理使用，做好文化馆、图书馆、博物馆等规划建设和管理使用，继续推动公共文化设施向社会免费开放。加强基层党校、市民学校、职工学校等建设，实施公益宣传平台传播工程，建设基层思想政治工作示范点。

四是建立科学有效的评价考核体系。建立内容全面、指标合理、方法科学的思想政治工作测评体系，将测评结果纳入落实全面从严治党主体责任情况监督检查和巡视巡察内容，纳入党政领导班子、领导干部综合考核评价内容，把“软指标”变成“硬约束”。

加强和改进思想政治工作，事关党的前途命运，事关国家长治久安，事关民族凝聚力和向心力。作为治党治国的重要方式，思想政治工作只能加强不能削弱，只能前进不能停滞，只能积极作为不能被动应付。唯有不断完善领导体制和工作机制，打造专兼结合的工作队伍，用好各级各类文化设施和阵地，建立科学有效的评价考核体系，我们才能继续用好传家宝、守好生命线，为全面建设社会主义现代化国家提供精神动力。

五　大思政的关键

立德师为先，树人正己始。上好大思政课，关键在教师。思政教师是上大思政课的主导，没有高素质的教师队伍，就不可能搞好大思政工作。习近平总书记指出，“办好思想政治理论课关键在教师，关键在发挥教师的积极性、主动性、创造性”[1]，并提出了政治要强、情怀要深、思维要新、视野要广、自律要严、人格要正的素养要求，为教师成为“大先生”，建立新时代高素质的思政教师队伍明确了方向和要求。

（一）建立专兼职相结合的思政教师队伍

“圣人无常师。孔子师郯子、苌弘、师襄、老聃。郯子之徒，其贤不及孔子。孔子曰：‘三人行，则必有我师。’是故弟子不必不如师，师不必贤于弟子，闻道有先后，术业有专攻，如是而已。”[2] 唐代文学家、思想家、政治家韩愈《师说》中的这段话，道出了千百

[1]　习近平：《思政课是落实立德树人根本任务的关键课程》，《求是》2020 年第 17 期。

[2]　[清] 吴楚才、吴调侯编选，阙勋吾等译注：《古文观止》，岳麓书社出版社 1982 年版，第 406 页。

年来中华民族尊师重教的优良传统，也阐明了教师对教育的极端重要性。

清华大学原校长梅贻琦有一句办学至理名言：所谓大学者，非谓有大楼之谓也，有大师之谓也。中国之大学，无不因大师而成名、兴盛。比如，中国人民大学，是我们党创办的第一所新型正规大学，名师辈出，俊彦云集，名家大师吴玉章、成仿吾、范文澜、艾思奇、何思敬、何干之、何洛、胡华、尚钺、吴景超、李景汉、庞景仁、石峻、缪朗山、李秀林、徐禾、塞风、许孟雄、孟氧、佟柔、戴世光、刘铮、查瑞传、苗力田、吴大琨、萧前、林文益、阎达五、阎金锷、方生、高鸿业、钟契夫、吴宝康、彭明、彦奇、曾宪义、宋涛、萨师煊、王传纶、李文海、许崇德、刘佩弦、周诚、王思治、方立天、郑杭生、夏甄陶、周升业、罗国杰、蓝鸿文、甘惜分、黄顺基、庄福龄、孙国华、李占祥、高放、卫兴华、周新城等为学校的学科发展、学术繁荣和人才培养作出了奠基性、开创性的贡献。老一辈著名学者黄达、戴逸、胡钧、陈共、严瑞珍、高铭暄、王作富、许征帆、何沁、方汉奇、赵履宽、邬沧萍、陈先达、张立文、钟宇人、吴易风、胡乃武、赵中孚等成就卓著，耕耘不辍，为学校的学科建设、人才培养和科学研究奠定了坚实基础。北京大学，人才荟萃，群星璀璨，有众多的著名学者、专家、学术大师，有一大批革命家、思想家、理论家、科学家和教育家，培养了一代代优秀人才。在中国大学中，北京大学第一次把马克思主义理论正式列入课程。自 1920 年起，李大钊在北京大学史学系、经济系、法律系和政治系先后开设了唯物史观、工人的国际运动与社会主义的将来、社会主义与社会运动等马克思主义理论课。陈独秀、毛泽东以及鲁迅、胡适等都曾在北京大学任职或任教。北京大学成立新民主主义论教学委员会，由许德珩、冯定、胡世华、许宝禄、楼邦彦、杨晦、金克木、王铁崖等教授开设专题讲座，张友仁、汪子嵩、李由义、赵宝煦、许世华等任助教，何干之教授等也被聘请来校授课。此后，又成立了政治课教学委员会，开设了辩证唯物主义与历史唯物主义、社会发展史、中国革命史等课程，从校外又邀请了艾思奇、胡绳、何思敬等著名学者来校授课。

上好大思政课，关键是建立一支专兼职相结合的思政教师队伍。从纵向上来看，这支队伍贯穿于学校的各个阶段，从小学、中学直到大学、党校；从横向上来看，这支队伍既有思政教师也有兼职进行思想政治教育的专家学者和干部。其中，高等学校的思政课教师，是指承担高等学校思政课教育教学和研究职责的专兼职教师，是高等学校教师队伍中承担开展马克思主义理论教育、用习近平新时代中国特色社会主义思想铸魂育人的中坚力量。

从实践来看，经过长期努力，我国现有的各级各类学校在思政教师队伍建设方面取得了很大的成绩。我们的思政教师队伍已有一定规模，但仍然存在着一些不容忽视的问题，主要是：全国思政教师队伍存在着发展不平衡的问题，存在着配备不足、精力不济、能力不足的问题，有的学校思政教师队伍的专业素养和教育教学能力不能很好适应培养时代新人的要求，有的思政教师的责任意识还不够强，有的思政课教师岗位的吸引力不强，等等。这些都迫切要求我们建立一支专职为主、专兼结合、数量充足、素质优良的思政课教师队伍。对此，《关于加强新时代中小学思想政治理论课教师队伍建设的意见》《新时代高等学校思想政治理论课教师队伍建设规定》作出了整体安排。

第一，要数量充足。没有足够的数量，就保证不了思政课的质量。要按照规定配齐各级学校的思政课教师，小学低、中年级应配备一定数量的专职思政课教师，小学高年级思政课教师应以专职为主，有条件的地方可逐步提升专职配备比例；初中、高中应配齐专职思政课教师；高等学校按照师生比不低于 1∶350 的比例核定配齐专职思政课教师。公办高等学校要在编制内配足，且不得挪作他用。解决目前师资力量不足的问题，除了招录之外，可以在与思政课教学内容相关的学科遴选优秀教师进行培训后加入思政课教师队伍，也可以探索由胜任思政课教学的党政管理干部转岗为专职思政课教师，积极推动符合条件的辅导员参与思政课教学，鼓励政治素质过硬的相关学科专家转任思政课教师。实行思政课特聘教师、兼职教师制度，中小学可以聘请本地区党政干部、社科理论界专家、爱国主义教育基地负责同志以及各行业先进模范、英雄人物等定期到中小学讲课或作报告；高校可以统筹地方党政领导干部、企事业单位管理专家、社科理论界专家、各行业先进模范以及高等学校党委书记校长、院（系）党政负责人、名家大师和专业课骨干、日常思想政治教育骨干等讲授思政课。建立两院院士、国有企业领导等人士常进高校、上思政课讲台的长效机制。主管教育部门应当加大高等学校思政课校际协作力度，加强区域内高等学校思政课教师柔性流动和协同机制建设，支持高水平思政课教师采取多种方式开展思政课教学工作。采取派驻支援或组建讲师团等形式支持民办高等学校配备思政课教师。

第二，要强化职责。讲好思政课是思政课教师的首要职责。思政课教师要提高政治站位，讲好用好教材，加强教学研究，深化教学改革创新，教育引导学生立德成人、立志成才，树立正确世界观、人生观、价值观，坚定对马克思主义的信仰，坚定对社会主义和共产主义的信念，增强中国特色社会主义道路自信、理论自信、制度自信、文化自信，厚植爱国主义情怀，把爱国情、强国志、报国行自觉融入坚持和发展中国特色社会主义事业、建设社会主义现代化强国、实现中华民族伟大复兴的奋斗之中，为培养德智体美劳全面发展的社会主义建设者和接班人作出积极贡献。

第三，要健全准入和退出制度。这是优化思政课教师队伍的重要条件。要严把选聘政治关、师德关、业务关，规范遴选条件和程序，将符合条件的人才及时充实到思政课教师队伍。同时，健全退出机制，对在中小学教育教学活动中损害党中央权威、违背党的路线方针政策的，按相关要求从严处理，不得再从事教育教学工作；对违反职业道德行为的，除按相关规定处理外，须及时调离中小学思政课教师岗位；对不能胜任思政课教学、未按要求完成培训学时的，应将其退出中小学思政课教师岗位。高等学校应当加强对思政课教师的考核，健全退出机制，在政治立场、政治方向、政治原则、政治道路上不能同党中央保持一致的，或理论素养、教学水平达不到标准的教师，不得继续担任思政课教师或马克思主义理论学科研究生导师。

建立高素质的思政课教师队伍，是一项复杂的系统工程，要加强领导，严把关口，有序退出，建立一支符合新时代要求的思政课教师队伍。

（二）好教师的“二十四字”素养标准

“经师易求，人师难得。”教师是人类灵魂的工程师。思政课教师种下的是真善美的种子，有更高的素养要求。对此，2021 年 3 月 6 日，习近平总书记在看望参加全国政协十三届四次会议的医药卫生界、教育界委员并参加联组会时的讲话中提出：“广大思想政治理论课教师，政治要强、情怀要深、思维要新、视野要广、自律要严、人格要正。”[1] 这二十四字，是思政课教师成为“大先生”的条件，也是其成为好的思政课教师的素养标准。

第一，政治要强。讲政治是思政课的第一位属性，也是对思政课教师的第一位要求。一个教师，如果自己在政治上东倒西歪、站不稳，是不可能教育学生站稳政治立场的。习近平总书记指出：“政治要强。思政课要解决学生理想信念问题。要让有信仰的人讲信仰。

[1] 《习近平在看望参加政协会议的医药卫生界教育界委员时强调 把保障人民健康放在优先发展的战略位置 着力构建优质均衡的基本公共教育服务体系》，《人民日报》2021 年 3 月 7 日。

对马克思主义的信仰，对社会主义和共产主义的信念，只有首先在思政课教师心中扎下根，才能在学生心中开花结果。思政课教师只有自己信仰坚定，对所讲内容高度认同，做学习和实践马克思主义的典范，才能讲得有底气，讲深讲透，才能有效引导学生真学、真懂、真信、真用。要善于从政治上看问题，自觉用新时代中国特色社会主义思想武装头脑，在大是大非面前保持政治清醒。教师是释疑解惑的，自己都疑惑重重，讲出来的东西不会是充分坚定、富有感染力的。"[1] 这不仅回答了思政课教师为什么政治要强的问题，而且明确了怎样做到政治强的问题。这就要求我们，坚持真学为基，因为只有真学才有可能真懂，只有真懂才有可能真信真用。真学，就要读经典、悟原理。要增强政治意识，养成从政治上观察问题、分析问题的习惯，增强政治定力，提高政治能力，在马克思主义基本原理、党的基本理论基本路线基本方略等大是大非面前保持政治清醒，对错误的思想言论开展积极的斗争。要增强"四个意识"，坚定"四个自信"，做到"两个维护"，始终使自己并教育引导学生在政治立场、政治方向、政治原则、政治道路上同以习近平同志为核心的党中央保持高度一致。

第二，情怀要深。情怀，简而言之，即感情和胸怀。"所谓情怀，是指超出个人利益之外的情感关切和精神追求。所谓有情怀，是指一个人有精神内涵、有宽广胸襟、有人间大爱。"[2] 马克思是非

[1] 习近平:《思政课是落实立德树人根本任务的关键课程》,《求是》2020 年第 17 期。
[2] 刘建军:《思政课教师要做有深广情怀的人》,《中国教育报》2019 年 4 月 4 日。

常有情怀的，一生颠沛流离，甚至靠典当、接济为生，都没有改变其为人类求解放的情怀。思政课具有鲜明的阶级性，具有深广的阶级情怀、人民情怀。信马爱马，爱党、爱国、爱人民、爱教育、爱学生是思政课教师的应有情怀。这也是讲好思政课的动力和条件。习近平总书记指出："情怀要深。思政课要引导学生立德成人、立志成才。只有打动学生，才能引导学生。教师在课堂上展现的情怀最能打动人，甚至会影响学生一生。真信才有真情，真情才能感染人。我为什么对焦裕禄那么一往情深，就是因为我在上初中一年级时，当时宣传焦裕禄的事迹，我的政治课老师在讲述焦裕禄的事迹时数度哽咽，一度讲不下去了，捂着眼睛抽泣，特别是讲到焦裕禄肝癌最严重时把藤椅给顶破了，我听了很受震撼。思政课教师要有家国情怀，心里装着国家和民族，在党和人民的伟大实践中关注时代、关注社会，汲取养分、丰富思想。要有传道情怀，对马克思主义理论教育事业投入真情实感，对思政课教育教学有执着追求。要有仁爱情怀，把对家国的爱、对教育的爱、对学生的爱融为一体，心中始终装着学生，让思政课成为一门有温度的课。"[1] 习近平总书记还强调，广大教师要严爱相济、润己泽人，以人格魅力呵护学生心灵，以学术造诣开启学生智慧，把自己的温暖和情感倾注到每一个学生身上，让每一个学生都健康成长，让每一个孩子都有人生出彩的机会。[2] 这

[1] 习近平：《思政课是落实立德树人根本任务的关键课程》，《求是》2020 年第 17 期。

[2] 《习近平在中国人民大学考察时强调 坚持党的领导传承红色基因扎根中国大地 走出一条建设中国特色世界一流大学新路》，《人民日报》2022 年 4 月 26 日。

不仅回答了情怀的重要性和要求，而且明确了思政课教师的三种基本情怀，即家国情怀、传道情怀、仁爱情怀。真情源自真信、源自真爱。如果不是发自心底地信仰马克思主义、热爱马克思主义，就不会有马克思主义的情怀，也讲不好马克思主义、讲不好思政课。要结合实际，挤出时间，经常地学习马克思主义，学习马克思主义经典作家的思想品格，将其内化为自己的信念，并在科学解答当今世界、中国、学生所面临的问题的过程中，巩固对马克思主义的信仰，增强对马克思主义的情怀，夯实情怀的思想基础。要向先进典型学习，习近平总书记点赞了许多教师，如周令钊、戴泽、伍必端、詹建俊、闻立鹏、靳尚谊、邵大箴、薛永年、史维祥等，他们是我们学习的榜样，还有许多思政课教师也值得我们学习。实际上，我们身边就有许多有情怀的老师。我们要向他们学习，增强对思政课的情怀和力量。要时时加固、经常维护。情怀具有可变性，我们要时刻关注世情国情党情的深刻变化，从中国特色社会主义的伟大实践中汲取营养，同各种不良现象进行积极的思想斗争，“吾日三省吾身”，不断巩固和增强对思政课的情怀。

第三，思维要新。思维，简言之，就是思想的维度，也就是人们在一定思想观点指导下，站在一定立场上，运用科学方法，经过分析、综合、判断、推理，认识事物本质和规律的精神活动过程和结果。其类型很多，主要有抽象思维、具象思维、顿悟思维等形式。思政课，教给人们的主要是马克思主义科学的立场、观点、方法。马克思主义具有与时俱进的理论品质。在这个意义上，思政课，也是思维课，教给人们的是与时俱进的新思维。习近平总书记指出："思维要新。思政课要教会学生科学的思维。思政课教师给予学生的不应该只是一些抽象的概念，而应该是观察认识当代世界、当代中国的立场、观点、方法。思政课教学是一项非常有创造性的工作，要学会辩证唯物主义和历史唯物主义，善于运用创新思维、辩证思维，善于运用矛盾分析方法抓住关键、找准重点、阐明规律，创新课堂教学，给学生深刻的学习体验。在教学中可以讨论问题，更要讲清楚成绩；可以批评不良社会现象，更要引导学生正面思考；可以讲社会主义建设的复杂性和艰巨性，更要引导学生对社会主义前景充满信心。无论怎么讲，最终都要落到引导学生树立正确的理想信念、学会正确的思维方法上来。"[1]这不仅提出了思维要新的要求，而且提出了思维要新的基本方法，为思维要新提供了直接指导。思维要新，基础在思。要提高把握马克思主义思想观点的精准度。以《共产党宣言》为例，有学者研究，目前有几十个版本，其第一句的一个词，有的译为"幽灵"，有的译为"魔影"，有的译为"精灵"，究竟哪一个更贴近马克思、恩格斯的本义？我们一定要搞准。如果搞不准，特别是对马克思主义的基本观点搞不准，就难以实现正确的思维。要提高把握问题的导向度。问题是时代的声音，也是思维的导向。只有正确把握问题，才有可能进行科学的创新思维。这就要求思政课教师，坚持问题导向，深入调查研究，在正确把握新问题、分析新问题、解决新问题的过程中，实现思维创新。要提

[1] 习近平:《思政课是落实立德树人根本任务的关键课程》,《求是》2020 年第 17 期。

高运用方法的科学度。科学，本不存在度的问题，但由于实际教学中存在认识、能力等多方面的差异，方法运用与科学要求也就有了偏差，也就有了偏离科学的程度即科学度问题。这就要求思政课教师，深入学习马克思主义，坚定地站在唯物主义、实践、人民的立场上，不断提高科学运用辩证唯物主义和历史唯物主义方法的本领和水平。

第四，视野要广。视野，即观察、认识的领域。马克思主义是人类一切优秀文明成果的集大成者、批判继承者和创新者，解决的是全人类的解放问题。这种宽广的视野，是马克思主义的本性，也是对思政课教师的应有要求。习近平总书记指出："视野要广。思政课教师要有知识视野，除了具有马克思主义理论功底之外，还要广泛涉猎其他哲学社会科学以及自然科学的知识。要有宽广的国际视野。学生经常会把国外的事情同国内的情况联系起来，这个过程就会产生一些疑惑。学生的疑惑就是思政课要讲清楚的重点。要善于利用国内外的事实、案例、素材，在比较中回答学生的疑惑，既不封闭保守，也不崇洋媚外，引导学生全面客观认识当代中国、看待外部世界，善于在批判鉴别中明辨是非。还要有历史视野。历史是最好的老师。思政课教师的历史视野中，要有5000多年中华文明史，要有500多年世界社会主义史，要有中国人民近代以来170多年斗争史，要有中国共产党近100年的奋斗史，要有中华人民共和国70年的发展史，要有改革开放40多年的实践史，要有新时代中国特色社会主义取得的历史性成就、发生的历史性变革，通过生动、深入、具体的纵横比较，把一些道理讲明白、讲清楚。”[1]这就明确了视野要广的基本内涵和要求，为思政课教师拓宽视野提供了直接指导。首先要拓宽知识面。现在有的教马克思主义哲学的教师不懂得马克思主义政治经济学，教马克思主义的教师不熟悉中华文明史、世界社会主义史、党史、国史、改革开放史，这是教不好马克思主义的，因为马克思主义是一块“整钢”，一定要拓宽知识面。其次要放眼全球。人类共处于“地球村”之中，共产主义是马克思主义的最终目标，构建人类命运共同体是中国共产党人的追求。具备国际视野，善于从国际视野分析研究问题，才能办好中国的事，讲好马克思主义的课。最后要立足新时代。现在是知识信息爆炸的时代，信息来源多样化，学生的思想极其活跃，思政课教师只有及时更新知识信息，才有可能培育出适合时代要求的接班人。

第五，自律要严。严于律己，宽以待人，修身齐家治国平天下，是中华民族教育的优良传统。马克思主义理论揭示的规律，特别是习近平新时代中国特色社会主义思想都包含着自律的要求。本科专科开设的思想道德修养与法律基础、初中小学阶段开设的道德与法治必修课程等课程，直接讲的就有自律问题。习近平总书记指出：“自律要严。思政课教师对自己要求要严格，既要遵守教学纪律，也要遵守政治纪律和政治规矩，做到课上课下一致、网上网下一致，不能在课上讲得不错、却在课下乱讲，不能在现实生活中表现不错、

[1] 习近平:《思政课是落实立德树人根本任务的关键课程》,《求是》2020年第17期。

却在网上乱说。思政课教师掌握着课堂的主导权和话语权，一定要自觉弘扬主旋律，积极传递正能量。遵守纪律，不意味着不能讲矛盾、碰问题。有的教师怵于思政课的意识形态属性，担心祸从口出，总是绕开问题讲、避开难点讲。只要坚持正确政治方向，立足于引导学生坚定理想信念，全面客观看问题，就不用担心在政治上出问题。要给教师充分的信任，不抓辫子、不扣帽子、不打棍子。”[1]这就为思政课教师严格自律提供了直接指导。学术无禁区，课堂有纪律。思政课教师要提高政治站位，严守纪律规矩，严守讲课纪律，把讲政治的要求贯穿于教学的全过程。要严以修身，加强理论修养，真正学懂弄通党的基本理论基本路线基本方略，自觉做到课题上下如一，网上网下如一，生活工作如一，心口如一。要正确地直面问题，不回避问题，拿不准的问题不讲，讲的问题一定是站在正确的立场上，运用科学的方法进行分析，讲清楚客观的科学的结论，绝不能主观臆断，自以为是，误人害己。

第六，人格要正。古人云：“为人师者，必先正其身，方能教书育人，此乃师德之本也。”思政课，讲的是人类社会发展的规律和趋势，倡导的是社会公平正义，维护的是最广大人民群众的根本利益，可以说是正气之歌。人格不正是讲不好的。习近平总书记指出：“人格要正。有人格，才有吸引力。亲其师，才能信其道。思政课教师要有堂堂正正的人格，用高尚的人格感染学生、赢得学生。要有学识魅力，用真理的力量感召学生，以深厚的理论功底赢得学生。思

[1] 习近平：《思政课是落实立德树人根本任务的关键课程》，《求是》2020 年第 17 期。

想要有境界，语言也要有魅力，从教师的话语中，学生能够感受到教师的人格和学识。要自觉做到修身修为，像曾子那样'吾日三省吾身'，像王阳明那样'诚意正心'、'知行合一'，自觉做为学为人的表率，做让学生喜爱的人。"[1]习近平总书记还指出，老师应该有言为士则、行为世范的自觉，不断提高自身道德修养，以模范行为影响和带动学生，做学生为学、为事、为人的大先生，成为被社会尊重的楷模，成为世人效法的榜样。[2]这就为思政课教师的人格修养提供了方法论指导。作为人师的思政课教师，要涵养正气，淬炼思想，修养人格，升华境界，实事求是，为民服务，富贵不能淫，贫贱不能移，威武不能屈，表里如一，行为世范，不做理论上的两面人，做一个无愧于时代的立场坚定、道德高尚的思政课教师。

（三）发挥教师的积极性、主动性、创造性

上好大思政课，关键在教师，关键在于发挥好教师的积极性、主动性、创造性，使教师乐教善教、潜心育人。

1. 要增强职业认同感、荣誉感、责任感

认同是积极性、主动性、创造性之基，荣誉是积极性、主动性、创造性之力，责任是积极性、主动性、创造性的保障。总的来说，多数思政课教师在这方面是好的，也有个别思政教师缺乏认同

[1] 习近平:《思政课是落实立德树人根本任务的关键课程》,《求是》2020 年第 17 期。

[2] 《习近平在中国人民大学考察时强调 坚持党的领导传承红色基因扎根中国大地 走出一条建设中国特色世界一流大学新路》,《人民日报》2022 年 4 月 26 日。

感，缺乏荣誉感，缺乏责任感，致使思政课教学的质量和成效不优。对此，习近平总书记指出："调动思政课教师的积极性、主动性、创造性，必须增强教师的职业认同感、荣誉感、责任感。必须旗帜鲜明讲清楚：讲好思政课不仅有'术'，也有'学'，更有'道'。思政课的政治性、思想性、学术性、专业性是紧密联系在一起的，其学术深度广度和学术含金量不亚于任何一门哲学社会科学！"[1]这就要求思政课教师，要真正懂得马克思主义是一门科学。思政课教师做的是塑造灵魂的工作，肩负着传道马克思主义特别是习近平新时代中国特色社会主义思想，培育中国特色社会主义建设者和可靠接班人的历史重任，应以科学的神圣感、历史的使命感自觉增强讲好思政课的积极性、主动性、创造性。要大力培养、推荐、表彰思政课教师中的先进典型，比如，全国教育系统先进个人表彰中对思政课教师比例或名额作出规定，国家级教学成果奖、高等学校科学研究优秀成果奖（人文社科）中加大力度支持思政课，"长江学者奖励计划"等高层次人才项目中加大支持优秀思政课教师的倾斜力度，以荣誉感为积极性、主动性、创造性注入精神动力。

2. 要改革完善思政课教师考核评价机制

改革是办好思政课的动力。目前，思政课教师的教学质量评判、职称评定、论文发表、人才评价等考核评价机制还不尽合理，正制约着思政课教师教学积极性、主动性、创造性的发挥。比如，有的学校过于看重学生对教学效果的评价，导致个别思政课教师一味迎

[1] 习近平：《思政课是落实立德树人根本任务的关键课程》，《求是》2020 年第 17 期。

合学生，学生喜欢什么，就讲授什么，教师没有了“腰杆”，教学质量大打折扣。要贯彻落实习近平总书记的相关要求，提高评价中的教学和教学研究占比，克服唯文凭、唯论文、唯帽子等弊端，不以在国外期刊上发表论文情况排次、定序、论英雄，引导思政课教师把主要精力放在教书育人上。要深化思政课教师的职称评定改革，科学设置思政课教师专业技术职务（职称）岗位，按教师比例核定思政课教师专业技术职务（职称）各类岗位占比，高级岗位比例不低于学校平均水平，不得挪作他用。制定符合思政课教师职业特点和岗位要求的专业技术职务（职称）评聘标准，提高教学和教学研究在评聘条件中的占比。结合实际分类设置教学研究型、教学型思政课教师专业技术职务（职称），两种类型都要在教学方面设置基本任务要求，将教学效果作为思政课教师专业技术职务（职称）评聘的根本标准，同时要重视考查科研成果。将承担思政课教学的基本情况以及教学实效作为思政课教师参加高一级专业技术职务（职称）评聘的首要考查条件和必要条件。将为本专科生上思政课作为思政课教师参加高级专业技术职务（职称）评聘的必要条件。将至少一年兼任辅导员、班主任等日常思想政治教育工作经历并考核合格作为青年教师晋升高一级专业技术职务（职称）的必要条件。思政课教师指导一个马克思主义理论类学生社团一年以上，且较好履行政治把关、理论学习、业务指导等职责的，在专业技术职务（职称）评聘中同等条件下可以优先考虑。思政课教师在思想素质、政治素质、师德师风等方面存在突出问题的，在专业技术职务（职称）

评聘中实行“一票否决”。改革完善思政课教师教学和科研成果认定制度，推行科研成果代表作制度，制定思政课教师发表文章的重点报刊目录，将思政课教师在中央和地方主要媒体发表的理论文章纳入学术成果范围，细化相关认定办法。教学和科研成果可以是专著、论文、教学参考资料、调查报告、教书育人经验总结等。制定思政课教师专业技术职务（职称）评聘指标和排次定序依据时，不得将国外期刊论文发表情况和出国访学留学情况作为必要条件。健全思政课教师专业技术职务（职称）评价机制，建立以同行专家评价为主的评价机制，突出思政课的政治性、思想性、学术性、专业性、实效性，评价专家应以马克思主义理论学科为主，同时可适当吸收相关学科专家参加。思政课教师专业技术职务（职称）评审委员会应当包含学校党委有关负责同志、思政课教学科研部门负责人，校内专业技术职务（职称）评聘委员会应有同比例的马克思主义理论学科专家。完善专业技术职务（职称）退出机制，加强聘期考核，加大激励力度，准聘与长聘相结合。健全退出机制，对政治立场、政治方向、政治原则、政治道路上不能同党中央保持一致的，或理论素养、教学水平达不到标准的教师，不得继续担任思政课教师或马克思主义理论学科研究生导师。高等学校思政课教师由马克思主义学院等思政课教学科研机构统一管理。每门课程都应当建立相应的教学科研组织，并可以根据需要配备管理人员。

3. 要提高专职思政课教师待遇

这是调动思政课教师积极性、主动性、创造性的物质动力。目前，相对于专业课教师，专职思政课教师的科研课题相对较少，研究经费相对较少，综合实际收入相对较少。这影响了思政课教师工作的积极性、主动性、创造性。这就要求我们要深化改革，切实提高专职思政课教师待遇，因地制宜设立思政课教师岗位津贴，如安徽省从2019年起每年下达优秀专职思政课教师和优秀专职辅导员岗位津贴330万元，每人5000元。[1]要为思政课教师的教学科研工作创造便利条件，配备满足教学科研需要的办公空间、硬件设备和图书资料。主管教育部门和高等学校应当采取设立奖励基金等方式支持高等学校思政课教师队伍建设，以各种方式定期对优秀思政课教师和马克思主义理论学科学生给予奖励。

[1] 参见陈婉婉:《铸魂育人，系好人生第一粒“扣子”》,《安徽日报》2020年3月18日。

六 大思政的根本问题

教育是国之大计、党之大计。为谁培养人、培养什么人、怎样培养人，始终是教育的根本问题，是大思政的根本问题。2019 年 3 月 18 日，习近平总书记在学校思想政治理论课教师座谈会上指出："办好思政课，最根本的是要全面贯彻党的教育方针，解决好培养什么人、怎样培养人、为谁培养人这个根本问题。"[1] 2022 年 4 月 25 日，他在中国人民大学考察调研时进一步强调："'为谁培养人、培养什么人、怎样培养人'始终是教育的根本问题。"[2] 把"为谁培养人"问题摆在了更加突出的地位。解决这个问题，要以根本问题为导向，以立德树人为根本任务，培养担当民族复兴大任的时代新人，培养德智体美劳全面发展的社会主义建设者和接班人，培养忠诚干净担当的高素质干部队伍，教育引导广大人民群众坚定不移听党话、跟党走，锻造千秋伟业的主体。

[1] 习近平:《思政课是落实立德树人根本任务的关键课程》，《求是》2020 年第 17 期。

[2] 《习近平在中国人民大学考察时强调 坚持党的领导传承红色基因扎根中国大地 走出一条建设中国特色世界一流大学新路》，《人民日报》2022 年 4 月 26 日。

（一）为谁培养人、培养什么人、怎样培养人

教育的本质在于育人。为谁培养人、培养什么人、怎样培养人，关乎人才成长、教育目的、教育方法，源于教育本质，是教育的根本问题，也是大思政的根本问题。

我们党历来重视研究和解决这个根本问题，这集中体现在我们的教育方针方面。抗大，即中国人民抗日军政大学，是1937年我们党在西北抗日红军大学的基础上创办的培养军事和政治干部的学校。1939年5月26日，毛泽东在《抗大三周年纪念》文章中指出："抗大的教育方针是：坚定正确的政治方向，艰苦奋斗的工作作风，灵活机动的战略战术，这三者，是造成一个抗日的革命的军人所不可缺一的。抗大的职员、教员、学生，都是根据这三者去进行教育与从事学习的。"[1]新中国成立后，1956年是个"多事之秋"，国际上苏共二十大、波兰事件，国内有的地方工人罢工、学生罢课。汲取其他国家处理人民内部矛盾方面的经验教训，针对自身存在的社会问题和矛盾，如思想政治工作薄弱，1957年2月27日，毛泽东在1800多人参加的最高国务会议第十一次（扩大）会议上，就"如何处理人民内部的矛盾"发表了近四个小时的讲话，在谈到知识分子问题时指出："我们的教育方针，应该使受教育者在德育、智育、体育几方面都得到发展，成为有社会主义觉悟的有文化的劳动者。"[2]

[1] 中共中央文献研究室编：《毛泽东著作专题摘编》（下），中央文献出版社2003年版，第1229页。

[2] 中共中央文献研究室编：《毛泽东著作专题摘编》（下），中央文献出版社2003年版，第1633页。

改革开放新时期，1979 年 11 月初，邓小平同意教育部关于召开全国教育工作会议，研究新的历史时期如何贯彻执行党的教育方针等问题的请示报告。1985 年 3 月 7 日，邓小平在全国科技工作会议上指出："现在我们国内形势很好。有一点要提醒大家，就是我们在建设具有中国特色的社会主义社会时，一定要坚持发展物质文明和精神文明，坚持五讲四美三热爱，教育全国人民做到有理想、有道德、有文化、有纪律。这四条里面，理想和纪律特别重要。"[1] 1989 年 10 月 10 日，邓小平为纪念中国少年先锋队建队 40 周年题词："培养有理想、有道德、有文化、有纪律的无产阶级革命事业接班人。"[2] 江泽民在党的十六大上指出："全面贯彻党的教育方针，坚持教育为社会主义现代化建设服务，为人民服务，与生产劳动和社会实践相结合，培养德智体美全面发展的社会主义建设者和接班人。"[3] 2010 年 7 月 13 日，胡锦涛在全国教育工作会议上指出："要全面贯彻党的教育方针，坚持教育为社会主义现代化建设服务，为人民服务，与生产劳动和社会实践相结合，培养德智体美全面发展的社会主义建设者和接班人。"[4] 中国特色社会主义进入新时代，2017 年 10 月 18 日，习近平总书记在十九大报告中指出："要以培养担当民族复兴大任的时代新人为着眼点，强化教育引导、实践养成、制度保障，发

[1] 《邓小平文选》第三卷，人民出版社 1993 年版，第 110 页。

[2] 中共中央文献研究室编：《邓小平年谱（1975—1997）》（下），中央文献出版社 2004 年版，第 1292 页。

[3] 《江泽民文选》第三卷，人民出版社 2006 年版，第 560 页。

[4] 《胡锦涛文选》第三卷，人民出版社 2016 年版，第 418 页。

挥社会主义核心价值观对国民教育、精神文明创建、精神文化产品创作生产传播的引领作用，把社会主义核心价值观融入社会发展各方面，转化为人们的情感认同和行为习惯。”[1] 2019年3月18日，习近平总书记在学校思想政治理论课教师座谈会上指出：“新时代贯彻党的教育方针，要坚持马克思主义指导地位，贯彻新时代中国特色社会主义思想，坚持社会主义办学方向，落实立德树人的根本任务，坚持教育为人民服务、为中国共产党治国理政服务、为巩固和发展中国特色社会主义制度服务、为改革开放和社会主义现代化建设服务，扎根中国大地办教育，同生产劳动和社会实践相结合，加快推进教育现代化、建设教育强国、办好人民满意的教育，努力培养担当民族复兴大任的时代新人，培养德智体美劳全面发展的社会主义建设者和接班人。”[2] 2022年4月25日，习近平总书记在中国人民大学考察调研时指出：“‘为谁培养人、培养什么人、怎样培养人’始终是教育的根本问题。要坚持党的领导，坚持马克思主义指导地位，坚持为党和人民事业服务，落实立德树人根本任务，传承红色基因，扎根中国大地办大学，走出一条建设中国特色、世界一流大学的新路。”[3] 全面阐述了新时代党的教育方针，把为谁培养人、培养什么人、怎样培养人问题的认识提升到新高度。

---

[1] 习近平：《决胜全面建成小康社会 夺取新时代中国特色社会主义伟大胜利——在中国共产党第十九次全国代表大会上的报告》，《人民日报》2017年10月28日。

[2] 习近平：《思政课是落实立德树人根本任务的关键课程》，《求是》2020年第17期。

[3] 《习近平在中国人民大学考察时强调 坚持党的领导传承红色基因扎根中国大地 走出一条建设中国特色世界一流大学新路》，《人民日报》2022年4月26日。

第一，为谁培养人。这就是坚持教育为人民服务，为中国共产党治国理政服务，为巩固和发展中国特色社会主义制度服务，为改革开放和社会主义现代化建设服务。

第二，培养什么人。这就是培养担当民族复兴大任的时代新人，培养德智体美劳全面发展的社会主义建设者和接班人。培养担当民族复兴大任的时代新人，不仅指对学生的教育培养，也包括对党员干部、群众的教育培养引导。其要义是坚持立德树人、以文化人，建设社会主义精神文明，培育和践行社会主义核心价值观，提高人民思想觉悟、道德水准、文明素养，担当民族复兴大任。培养德智体美劳全面发展的社会主义建设者和接班人，主要指对学生的教育培养，其基本路径是通过系统的学校教育来完成。

第三，怎样培养人。这就是坚持党的领导，坚持马克思主义指导地位，贯彻习近平新时代中国特色社会主义思想，坚持社会主义办学方向，落实立德树人根本任务，扎根中国大地办教育，同生产劳动和社会实践相结合，加快推进教育现代化，建设教育强国，办好人民满意的教育。

（二）培养时代新人、建设者和接班人

培养时代新人、建设者和接班人，即培养担当民族复兴大任的时代新人、培养德智体美劳全面发展的社会主义建设者和接班人，是习近平总书记在我们党长期探索基础上逐步提出的重要观点。2013 年 5 月 29 日，在“六一”国际儿童节即将到来之际，习近平总书记到北京市少年宫，同来京参加交流体验活动的全国 56 个民

族、革命老区、灾区、患有先天性心脏病少年儿童和农民工子女，以及首都城乡少年儿童代表1600多人，一起参加“快乐童年放飞希望”主题队日活动，以一个“大朋友”的名义，向全国广大少年儿童祝贺节日。他说：“少年儿童从小就要立志向、有梦想，爱学习、爱劳动、爱祖国，德智体美全面发展，长大后做对祖国建设有用的人才。”[1] 2017年10月18日，习近平总书记在十九大报告中首次明确提出了培养担当民族复兴大任的时代新人的要求。2019年3月18日，习近平总书记在学校思想政治理论课教师座谈会上阐述新时代党的教育方针时，明确提出了“努力培养担当民族复兴大任的时代新人，培养德智体美劳全面发展的社会主义建设者和接班人”的任务，并一直坚持下来，成为新时代党的教育方针的新内涵新要求。

培养时代新人、建设者和接班人，是针对教育领域存在的问题提出来的。改革开放以来，特别是中国特色社会主义进入新时代，我国的教育工作取得了长足的发展和显著成绩，但也存在着一些不容忽视的问题：能力培养不足，德智体美劳五个方面不平衡，德育教育相对弱化，体育、美育相对薄弱，劳动教育被淡化、弱化，教育评价的指挥棒存在唯分数、唯升学、唯文凭等实用主义、功利主义倾向，社会大众重智育轻其他教育，等等。这些问题，影响着全面发展育人目标的达成和党的教育事业的发展，与新时代的要求不相适应，强调培养时代新人、建设者和接班人，正是解决这些问题

[1] 《习近平在同全国各族少年儿童代表共庆“六一”国际儿童节时强调让孩子们成长得更好》，新华网2013年5月30日。

的迫切需要。

培养时代新人、建设者和接班人，是新时代人的全面发展的需要。人的全面发展，源于马克思主义的人的自由全面发展思想。马克思主义的人的自由全面发展思想内涵十分丰富，主要包括：一是人的需求的多样性发展；二是社会关系的全面发展；三是人的自由个性的充分发展；四是能力的全面发展；五是人与自然关系的和谐发展。这些是未来共产主义才能够全面达到的理想状态，社会主义初级阶段还只能是人的全面发展。新时代人的全面发展，不仅要求发展人的身体，而且要求发展人的德、智、美等精神，发展能够解放人的劳动，发展担当民族复兴大任的本领，进而要求培养时代新人、建设者和接班人。

培养时代新人、建设者和接班人，是党的事业全面健康发展的需要。党的崇高事业是共产主义，共产主义是全面发展的社会。新时代，我们正在从事中国特色社会主义伟大事业。新时代中国特色社会主义是全面发展的社会，不仅要进行经济建设还要进行政治建设、文化建设、社会建设、生态文明建设，不仅要建设物质文明，而且还要建设精神文明、政治文明、社会文明和生态文明，不仅要富起来而且还要强起来，实现中华民族的伟大复兴。这些要求我们培养的人才也应是适合时代要求的、全面的，不仅要育德而且还要育智、育体、育美、育劳，培养时代新人、建设者和接班人。

要着力立德树人根本任务。立德树人，简而言之，就是在道德基础上培养德智体美劳全面发展的人才。人无才不能，人无德不立。

道德是做人之本，是做事、做学问之基，也是树人之基。古今中外，都注重道德培养。《礼记》中讲道：“师也者，教之以事而喻诸德也。”德国教育家约翰·弗里德里希·赫尔巴特说，道德普遍地被认为是人类的最高目的，因此也是教育的最高目的。新时代着力立德树人根本任务，要把道德教育摆在首要地位，培养学生树立社会主义的道德情操。要抓好思想政治这一关键，推进思想政治理论课建设思路创优、师资创优、教材创优、教法创优、机制创优、环境创优，遴选名师大师参与思想政治理论课讲授，把新媒体新技术引入高校思想政治理论课教学，打造高校思想政治理论课资源平台和网络集体备课平台，通过上好思政课、进行深入细致的思想政治工作，提升学生的思想道德素质。要统筹课程思政与思政课程建设，构建全面覆盖、类型丰富、层次递进、相互支撑的课程体系；重点建设一批提高大学生思想道德修养、人文素质、科学精神和认知能力的公共基础课程；理学、工学类专业课程要注重科学思维方法的训练和科技伦理的教育，培养学生探索未知、追求真理、勇攀科学高峰的责任感和使命感，培养学生精益求精的大国工匠精神；农学类专业课程要注重培养学生的大国“三农”情怀，引导学生“懂农业、爱农村、爱农民”；医学类专业课程要注重加强医德医风教育，注重加强医者仁心教育，教育引导学生尊重患者，学会沟通，提升综合素养；艺术学类专业课程要教育引导学生树立正确的艺术观和创作观，积极弘扬中华美育精神。以此，把知识传输与道德培育有机结合起来，达到既立德又树人的目的。

要构建新时代德智体美劳全面培养的教育体系。有全面培养的教育体系，才有可能有全面发展的教育，才有可能培养全面发展的人才。要坚持德智体美劳五育并举，结合工作实际，创造性地贯彻落实习近平总书记关于构建德智体美劳全面培养的教育体系、形成更高水平的人才培养体系的有关要求，把立德树人融入思想道德教育、文化知识教育、社会实践教育各环节，贯穿基础教育、职业教育、高等教育各领域，贯通学科体系、教学体系、教材体系、管理体系，构建目标明确、内容完善、标准健全、运行科学、保障有力、成效显著的高校思想政治工作体系。要坚定不移走中国特色社会主义教育发展道路，深化教育体系、人才培养体系、教育评价体系改革，从党中央关心、教师关注、群众关切、社会关注的问题入手，破立并举，坚决克服唯分数、唯升学、唯文凭、唯论文、唯帽子的顽瘴痼疾，坚决破除一切不利于人才的体制机制障碍，推进教育评价关键领域改革取得实质性突破，使立德树人落实机制更加完善，引导教师潜心育人，促进学生全面发展。

要下足“六个功夫”。常言道，一分汗水，一分收获，功到自然成。培养时代新人、建设者和接班人，必须贯彻落实习近平总书记有关重要讲话精神，在六个方面下足功夫：一是在坚定理想信念上下功夫。教育引导学生树立共产主义远大理想和中国特色社会主义共同理想，增强学生的中国特色社会主义道路自信、理论自信、制度自信、文化自信，立志肩负起民族复兴的时代重任。二是在厚植爱国主义情怀上下功夫。让爱国主义精神在学生心中牢牢扎根，教育引导学生热爱和拥护中国共产党，立志听党话、跟党走，立志扎根人民、奉献国家。三是在加强品德修养上下功夫。教育引导学生培育和践行社会主义核心价值观，踏踏实实修好品德，成为有大爱大德大情怀的人。四是在增长知识见识上下功夫。教育引导学生珍惜学习时光，心无旁骛求知问学，增长见识，丰富学识，沿着求真理、悟道理、明事理的方向前进。五是在培养奋斗精神上下功夫。教育引导学生树立高远志向，历练敢于担当、不懈奋斗的精神，具有勇于奋斗的精神状态、乐观向上的人生态度，做到刚健有为、自强不息。六是在增强综合素质上下功夫。教育引导学生培养综合能力，培养创新思维；树立健康第一的教育理念，开齐开足体育课，帮助学生在体育锻炼中享受乐趣、增强体质、健全人格、锤炼意志；全面加强和改进学校美育，坚持以美育人、以文化人，提高学生审美和人文素养；弘扬劳动精神，教育引导学生崇尚劳动、尊重劳动，懂得劳动最光荣、劳动最崇高、劳动最伟大、劳动最美丽的道理，长大后能够辛勤劳动、诚实劳动、创造性劳动。

要完善落实新时代全面培养的制度机制。这是培养时代新人、建设者和接班人的制度保障，也是教育领域治理体系和治理能力现代化的要求。党的十八大以来，我们在推进全面培养的制度机制方面，出台了一系列的制度规定，如《中共中央国务院关于全面深化新时代教师队伍建设改革的意见》《国务院办公厅关于强化学校体育促进学生身心健康全面发展的意见》《国务院办公厅关于全面加强和改进学校美育工作的意见》《中共中央 国务院关于全面加强新时代大中小学劳动教育的意见》《教育部关于深化本科教育教学改革全面提高人才培养质量的意见》《教育部等八部门关于加快构建高校思想政治工作体系的意见》《高等学校教师职业道德规范》《教育部关于建立健全高校师德建设长效机制的意见》《新时代高校教师职业行为十项准则》《教育部关于高校教师师德失范行为处理的指导意见》《新时代高校教师职业行为十项准则》《新时代中小学教师职业行为十项准则》《新时代幼儿园教师职业行为十项准则》，等等。这些是培养时代新人和全面发展的社会主义建设者和接班人的遵循。要认真贯彻落实这些制度，如《中共中央 国务院关于全面加强新时代大中小学劳动教育的意见》，把握育人导向，遵循教育规律，体现时代特征，强化综合实施，坚持因地制宜，把劳动教育纳入人才培养全过程，贯通大中小学各学段，贯穿家庭、学校、社会各方面，与德育、智育、体育、美育相融合，紧密结合经济社会发展变化和学生生活实际，积极探索具有中国特色的劳动教育模式，全面构建体现时代特征的劳动教育体系，创新体制机制，广泛开展劳动教育实践活动，提升劳动教育支撑保障能力，加强劳动教育的组织实施，注重教育实效，实现知行合一，促进学生形成正确的世界观、人生观、价值观。以诸如此类的制度落实，规范推进培养时代新人、全面发展的社会主义建设者和接班人。

（三）培养忠诚干净担当的高素质干部队伍

“为政之要，莫先于用人。”建立高素质的干部队伍，是我们党的一贯主张。新民主主义革命时期，毛泽东指出：“政治路线确定之后，干部就是决定的因素。因此，有计划地培养大批的新干部，就是我们的战斗任务。”[1]“在这个使用干部的问题上，我们民族历史中从来就有两个对立的路线：一个是‘任人惟贤’的路线，一个是‘任人惟亲’的路线。前者是正派的路线，后者是不正派的路线。共产党的干部政策，应是以能否坚决地执行党的路线，服从党的纪律，和群众有密切的联系，有独立的工作能力，积极肯干，不谋私利为标准，这就是‘任人惟贤’的路线。”[2]新中国成立后，毛泽东指出：“我们各行各业的干部都要努力精通技术和业务，使自己成为内行，又红又专。”[3]改革开放新时期，邓小平指出：“选干部，标准有好多条，主要是两条，一条是拥护三中全会的政治路线和思想路线，一条是讲党性，不搞派性。”[4]江泽民指出：“我们必须全面贯彻干部队伍革命化、年轻化、知识化、专业化的方针和德才兼备的原则，深化干部人事制度改革，努力建设一支高素质的、能够担当重任、经得起风浪考验的干部队伍。”[5]胡锦涛指出：“要坚持党管干部原则，坚持民主、公开、竞争、择优的方针，按照德才兼备、以德为先，注重实绩、群众公认的原则，把党和人民满意的干部选

[1] 中共中央文献研究室编：《毛泽东著作专题摘编》（下），中央文献出版社 2003 年版，第 2043 页。

[2] 中共中央文献研究室编：《毛泽东著作专题摘编》（下），中央文献出版社 2003 年版，第 2044 页。

[3] 中共中央文献研究室编：《毛泽东著作专题摘编》（下），中央文献出版社 2003 年版，第 2046 页。

[4] 《邓小平文选》第二卷，人民出版社 1994 年版，第 192 页。

[5] 《江泽民文选》第三卷，人民出版社 2006 年版，第 289 页。

拔上来。”[1]我们党在实践中建立了一支进行革命建设改革的干部队伍，建立新中国，开展社会主义建设，开辟了中国特色社会主义道路。

建立忠诚干净担当的高素质干部队伍，是习近平总书记在新时代提出的政治任务。2013年6月28日，习近平总书记在全国组织工作会议上指出：“好干部要做到信念坚定、为民服务、勤政务实、敢于担当、清正廉洁。”[2]2016年1月12日，习近平总书记在十八届中央纪律检查委员会第六次全体会议上指出：“建设忠诚干净担当的纪检监察队伍，不断取得党风廉政建设和反腐败斗争新成效。”[3]2017年10月18日，习近平总书记在中国共产党第十九次全国代表大会上指出：“坚持正确选人用人导向，匡正选人用人风气，突出政治标准，提拔重用牢固树立‘四个意识’和‘四个自信’、坚决维护党中央权威、全面贯彻执行党的理论和路线方针政策、忠诚干净担当的干部，选优配强各级领导班子。”[4]2018年7月3日，习近平总书记在全国组织工作会议上指出新时代党的组织路线是：“全面贯彻新时代中国特色社会主义思想，以组织体系建设为重点，着力培养

[1] 《胡锦涛文选》第三卷，人民出版社2016年版，第225页。

[2] 中共中央文献研究室编：《十八大以来重要文献选编》（上），中央文献出版社2014年版，第337页。

[3] 习近平：《在第十八届中央纪律检查委员会第六次全体会议上的讲话》，《人民日报》2016年5月3日。

[4] 习近平：《决胜全面建成小康社会 夺取新时代中国特色社会主义伟大胜利——在中国共产党第十九次全国代表大会上的报告》，《人民日报》2017年10月28日。

忠诚干净担当的高素质干部，着力集聚爱国奉献的各方面优秀人才，坚持德才兼备、以德为先、任人唯贤，为坚持和加强党的全面领导、坚持和发展中国特色社会主义提供坚强组织保证。”[1]

建立忠诚干净担当的高素质干部队伍，是党的事业健康发展的需要。干好中国的事情，关键在党，关键在人。党的十八大以来，我们的干部队伍建设取得了显著成效，但与新时代新要求相比，仍然存在着一些问题和不足。如：有的干部缺乏政治敏锐性和政治鉴别力，对政治问题不能见微知著、防患未然；有的干部无视政治纪律和政治规矩，对政治挑衅问题态度暧昧、当“墙头草”，拉帮结派，结党营私，胆大妄为；有的干部对党不忠，搞两面派，做两面人，当面一套，背后一套；有的干部理想信念不坚定，不信马列信鬼神，不信理想信方术，精神空虚，消极颓废；有的干部不敢不善担当，得过且过，只要不出事，宁愿不干事，能力不强，动力不足，推诿扯皮，办事拖沓；有的贪污腐败，以权谋私，贪赃枉法，一人得道鸡犬升天；等等。这些与党的要求、人民的期待、新时代的要求极不适应甚至格格不入。我们要应对世界百年未有之大变局，经受“四大考验”，应对“四种危险”，统揽“四个伟大”，统筹推进“五位一体”总体布局，协调推进“四个全面”战略布局，立足新发展阶段，贯彻新发展理念，构建新发展格局，开启全面建设社会主义现代化国家新征程，夺取新时代中国特色社会主义伟大胜利，实

[1] 《习近平：切实贯彻落实新时代党的组织路线 全党努力把党建设得更加坚强有力》，新华网 2018 年 7 月 4 日。

现中华民族伟大复兴，必须锻造一支新时代忠诚干净担当的高素质干部队伍。

建立忠诚干净担当的高素质干部队伍，是一项复杂的系统工程，需要坚持好干部标准，严格干部选拔任用程序，选好干部、管好干部；需要对干部进行政治历练，实践锻炼，专业训练；更需要上好大思政课，以党性教育为根本，以理想信念教育为前提，进行思想淬炼。

第一，教育培养干部对党忠诚的政治品质。忠诚是人生之基，是中华民族的优良传统。对党忠诚，是党章对党员干部的明确要求，是全党团结统一的保障。做到对党忠诚，需要制度，也需要教育。要教育党员干部，认真学习马克思主义特别是习近平新时代中国特色社会主义思想，悟原理、求真理、明事理，使全党在思想上统一起来，自觉做到心中有党。要教育党员干部不断增强“四个意识”，坚定“四个自信”，做到“两个维护”，自觉坚持党的全面领导，严守党的政治纪律和政治规矩，同一切否定党的领导的错误言行进行坚决的斗争。要教育党员干部，增强责任意识，跟上党中央要求，跟上时代前进步伐，跟上事业发展需要，认真贯彻落实党的基本理论基本路线基本方略，在思想上政治上行动上与党中央保持高度一致。

第二，教育培养干部干干净净的政治本色。干干净净，也就是清正廉洁，这是中华民族流传千古的美德，是党性的体现，是党的好干部的条件和要求。廉洁是福，贪腐是害。有多少人因为贪腐，不仅害党、害国，而且也害得自己身陷囹圄，妻离子散，家破人亡。解决贪腐这个千古难题，使党员干部做到不敢腐、不能腐、不想腐，需要反腐，需要制度，也需要思想政治教育。一是开展理想、信仰、信念、信心教育。理想、信仰、信念、信心是最好的防腐剂。从忏悔录来看，几乎所有的腐败，都与理想、信仰、信念、信心缺失有关。要教育党员干部坚定共产主义理想，增强马克思主义信仰，增强中国特色社会主义信念，增强实现中华民族伟大复兴的信心，做真正有理想、有信仰、有信念、有信心的共产党人，补足精神之钙，明大德、守公德、严私德，筑牢思想防线，守好共产党人的初心，自觉地做到不想腐。要开展权力观教育，使党员干部真正懂得权力是一把双刃剑，权为民所赋、权为民所用，当好人民的公仆和勤务员，自觉地做到公私分明、先公后私、大公无私，担好共产党人的使命，干干净净地用好手中权力。要开展警示教育，配合案件查处，开展以案促改、以案释纪、以案说法、以案释德、以案释责，促使党员干部不敢腐。要开展党章党规党纪和法律法规教育，使党员干部尊崇制度，自觉接受监督，严格依照法定权限、规则、程序行使权力，履职尽责，做到不能腐。

第三，教育培养干部敢于担当的政治能力。干部，干是第一位的。不干，半点马克思主义也没有。干，就是履职尽责，就是敢于担当。这是党的干部的天职，也是党对干部的明确要求。敢于担当，需要保驾护航，如实行“三个区分开来”，即：把干部在推进改革中因缺乏经验、先行先试出现的失误和错误同明知故犯的违纪违法行为区分开来，把上级尚无明确限制的探索性试验中的失误和错误同上级明令禁止后依然我行我素的违纪违法行为区分开来，把为推动发展的无意过失同为谋取私利的违纪违法行为区分开来。打击诬告陷害等，更需要进行思想政治教育。教育党员干部做到政治过硬，旗帜鲜明讲政治，提高政治判断力、政治领悟力、政治执行力，既大胆讲政治，又善于讲政治，坚持战略思维、创新思维、辩证思维、法治思维、底线思维，正确解决各种复杂的政治问题。做到责任过硬，牢固树立正确的政绩观，强化担当精神，发扬求真务实、真抓实干的作风，提高履职尽责能力，以钉钉子精神忠诚履责、尽心尽责，努力完成历史和人民赋予的神圣使命。做到能力过硬，坚持学习学习再学习，实践实践再实践，掌握新知识、熟悉新领域、开拓新视野，增强学习、改革创新、科学发展、依法执政、群众工作、狠抓落实、驾驭风险等本领，既矢志抓发展又善于抓发展，既勇于抓改革又善于抓改革，既敢于直面矛盾和问题又善于化解矛盾和问题，既有想干事真干事的自觉又有会干事干成事的本领，努力向时代和人民交上一份优秀答卷。

第四，开展经常性教育活动。忠诚干净担当，需要经常加固和强化。党的十八大以来，我们党先后组织开展了党的群众路线教育实践活动、“三严三实”专题教育、“两学一做”学习教育、“不忘初心、牢记使命”主题教育、党史学习教育，在改进工作作风，培育忠诚干净担当的高素质干部队伍方面取得了明显的成效。开展党史学习教育，是党中央立足党的百年历史新起点，统筹中华民族伟大复兴战略全局和世界百年未有之大变局，为动员全党全国满怀信心投身全面建设社会主义现代化国家而作出的重大决策，是牢记初心使命、推进中华民族伟大复兴历史伟业的必然要求，是坚定信仰信念、在新时代坚持和发展中国特色社会主义的必然要求，是推进党的自我革命、永葆党的生机活力的必然要求。中国共产党的100年，是光荣辉煌、艰苦卓绝的100年，是奠基立业、开辟未来的100年，是实现中华民族伟大复兴的100年，也是共产党人忠诚干净担当的100年。要按照党中央的部署，深入学习领会习近平总书记关于党史的重要论述，紧紧围绕学懂弄通做实党的创新理论，做到学史明理、学史增信、学史崇德、学史力行；要注重学习把握100年来共产党人忠诚干净担当的历史，明白忠诚干净担当之理，增强忠诚干净担当的信心，崇尚忠诚干净担当之德，自觉担当起全面建设社会主义现代化国家、实现中华民族伟大复兴中国梦的神圣职责，达到学党史、悟思想、办实事、开新局的要求，以史为鉴、开创未来。

（四）教育引导广大人民群众坚定不移听党话、跟党走

江山就是人民，人民就是江山。教育引导人民，密切党群关系，为人民打江山、守江山，依靠人民打江山、守江山，是我们党的优良传统。

新民主主义革命时期，毛泽东指出："把党的方针变为群众的方针，还须要我们长期坚持的、百折不挠的、艰苦卓绝的、耐心而不怕麻烦的努力。没有这样一种努力是一切都不成功的。""我们要教育人民认识真理，要动员人民起来为解放自己而斗争，就需要这种

战斗的风格。”[1]新中国成立后，毛泽东指出：“我们要教育人民，不是为了个人，而是为了集体，为了后代，为了社会前途而努力奋斗。要使人民有这样的觉悟。”“要用共产主义理想教育人民”。[2]

改革开放新时期，邓小平指出：“努力用社会主义思想教育人民，给他们以积极进取、奋发图强的精神。”[3]“教育人民坚持四项基本原则，这就为我们事业的健康发展从根本上提供了保证。”“要教育人民成为‘四有’人民，教育干部成为‘四有’干部。‘四有’就是有理想、有道德、有文化、有纪律。”[4]江泽民指出：“坚持用马克思列宁主义、毛泽东思想和邓小平理论武装全党、教育人民，不断解放思想、实事求是，与时俱进、开拓创新，尊重群众的首创精神，通过实践来检验和发展党的理论和路线方针政策。”[5]胡锦涛指出：“要坚持不懈用马克思主义中国化最新成果武装全党、教育人民，用中国特色社会主义共同理想凝聚力量，用以爱国主义为核心的民族精神和以改革创新为核心的时代精神鼓舞斗志，用社会主义荣辱观引领风尚。”[6]

中国特色社会主义进入新时代，习近平总书记把教育引导提到

[1] 中共中央文献研究室编:《毛泽东著作专题摘编》(下),中央文献出版社 2003 年版，第 1500、1544 页。

[2] 中共中央文献研究室编:《毛泽东著作专题摘编》(下),中央文献出版社 2003 年版，第 1497、1499 页。

[3] 《邓小平文选》第二卷，人民出版社 1994 年版，第 210 页。

[4] 《邓小平文选》第三卷，人民出版社 1993 年版，第 202、205 页。

[5] 《江泽民文选》第三卷，人民出版社 2006 年版，第 533 页。

[6] 《胡锦涛文选》第三卷，人民出版社 2016 年版，第 133 页。

新高度，并明确提出了教育引导人民坚定不移听党话、跟党走的要求。2015 年 7 月 6 日，他在中央党的群团工作会议上指出：“群团组织要始终把自己置于党的领导之下，在思想上政治上行动上始终同党中央保持高度一致，自觉维护党中央权威，坚决贯彻党的意志和主张，严守政治纪律和政治规矩，经得住各种风浪考验，承担起引导群众听党话、跟党走的政治任务，把自己联系的群众最广泛最紧密地团结在党的周围。”[1] 2016 年 3 月 4 日，习近平总书记在参加全国政协十二届四次会议民建、工商联界委员联组会时指出：“要注重对年轻一代非公有制经济人士的教育培养，引导他们继承发扬老一代企业家的创业精神和听党话、跟党走的光荣传统。”[2] 2017 年 10 月 18 日，他在党的十九大上指出：“增强群众工作本领，创新群众工作体制机制和方式方法，推动工会、共青团、妇联等群团组织增强政治性、先进性、群众性，发挥联系群众的桥梁纽带作用，组织动员广大人民群众坚定不移跟党走。”[3] 2018 年 8 月 21 日，他在全国宣传思想工作会议上指出：“做好新形势下宣传思想工作，必须自觉承担起举旗帜、聚民心、育新人、兴文化、展形象的使命任务。举旗帜，就是要高举马克思主义、中国特色社会主义的旗帜，坚持不懈用新时代中国特色社会主义思想武装全党、教育人民、推动工作，

[1] 《习近平谈治国理政》第二卷，外文出版社 2017 年版，第 307—308 页。

[2] 《习近平谈治国理政》第二卷，外文出版社 2017 年版，第 264 页。

[3] 习近平：《决胜全面建成小康社会 夺取新时代中国特色社会主义伟大胜利——在中国共产党第十九次全国代表大会上的报告》，《人民日报》2017 年 10 月 28 日。

在学懂弄通做实上下功夫，推动当代中国马克思主义、21 世纪马克思主义深入人心、落地生根。”[1] 2019 年 9 月 16 日至 18 日，他在河南考察时指出：“红军后代、革命烈士家属传承革命精神有说服力和感染力，要把先辈们的英雄故事讲给大家听，讲给年青一代听，激励人们坚定不移跟党走，为实现美好生活而奋斗。”[2] 2020 年 9 月 22 日，他在教育文化卫生体育领域专家代表座谈会上指出：“要坚持马克思主义在意识形态领域的指导地位，坚守中华文化立场，坚持以社会主义核心价值观引领文化建设，紧紧围绕举旗帜、聚民心、育新人、兴文化、展形象的使命任务，加强社会主义精神文明建设，繁荣发展文化事业和文化产业，不断提高国家文化软实力，增强中华文化影响力，发挥文化引领风尚、教育人民、服务社会、推动发展的作用。”[3] 2021 年 3 月 7 日，他在参加十三届全国人大四次会议青海代表团审议时指出：“要通过在全社会开展党史、新中国史、改革开放史、社会主义发展史教育，引导广大人民群众特别是青少年弄清楚中国共产党为什么‘能’、马克思主义为什么‘行’、中国特色社会主义为什么‘好’等基本道理，坚定不移听党话、跟党走，在全面建设社会主义现代化国家伟大实践中建功立业。”[4] 这些重要

[1] 《习近平谈治国理政》第三卷，外文出版社 2020 年版，第 312 页。

[2] 《习近平在河南考察时强调 坚定信心埋头苦干奋勇争先 谱写新时代中原更加出彩的绚丽篇章》，新华网 2019 年 9 月 18 日。

[3] 习近平：《在教育文化卫生体育领域专家代表座谈会上的讲话》，新华网 2020 年 9 月 22 日。

[4] 《习近平参加青海代表团审议》，新华网 2021 年 3 月 7 日。

指示为教育引导人民群众明确了方向、提供了遵循。

我们党是为了人民、依靠人民的党，人民是党的根基和血脉，是党的群众基础。从党来看，党要站位人民立场，更好地依靠人民，取得人民群众的拥护和支持，必须教育引导人民。对人民群众来说，人民群众是不可能自发地完全把握党的理论路线方针政策的。对此，列宁曾经说："工人本来也不可能有社会民主主义的意识。这种意识只能从外面灌输进去，各国的历史都证明：工人阶级单靠自己本身的力量，只能形成工联主义的意识。"[1] 从实际情况来看，我国人口 14 亿多人，分布在不同的地区，性别、年龄段、民族、受教育程度也各不相同。东部地区人口占 39.93%，中部地区占 25.83%，西部地区占 27.12%，东北地区占 6.98%。男性人口为 72334 万人，占 51.24%。女性人口为 68844 万人，占 48.76%。0—14 岁人口为 25338 万人，占 17.95%。15—59 岁人口为 89438 万人，占 63.35%。60 岁及以上人口为 26402 万人，占 18.70%。具有大学文化程度的人口为 21836 万人，15 岁及以上人口的平均受教育年限为 9.91 年，文盲率为 2.67%。汉族人口为 128631 万人，占 91.11%；各少数民族人口为 12547 万人占 8.89%。[2] 要把这些力量凝聚起来，团结在党的周围，共同奋斗，必须开展深入细致的思想政治工作，宣传、教育、引导、服务人民群众。

第一，要开展党的历史教育。历史是最好的教科书，也是最好

[1] 《列宁选集》第一卷，人民出版社 2012 年版，第 317 页。

[2] 《第七次全国人口普查主要数据情况》，国家统计局 2021 年 5 月 11 日。

的清醒剂。中国共产党的百年奋斗史，是党教育团结带领人民不断奋斗的历史。要开展好“四史”教育，向人民群众讲好听党话、跟党走的百年史，讲好党与人民心连心、同呼吸、共命运的历史故事，如半条被子的故事，使人民群众特别是年轻一代真正懂得中国共产党是中国工人阶级的先锋队，是中国人民和中华民族的先锋队，代表的是先进生产力的发展要求、先进文化的前进方向和中国最广大人民的根本利益，是为了人民利益、没有任何自己特殊利益的党，从来不代表任何利益集团、任何权势团体、任何特权阶层的利益，并自觉地团结在党的周围，为中华民族的伟大复兴，为了共产主义的远大理想而奋斗。

第二，要开展党的基本理论基本路线基本方略教育。基本理论基本路线基本方略是人民群众听党话、跟党走的行动指南。要运用新闻广播、口号、宣传栏、报告会、通俗理论读物、影视作品、文艺演出等多种形式，运用接地气、老百姓听得懂的语言，大力推动党的基本理论基本路线基本方略特别是习近平新时代中国特色社会主义思想大众化，使党的创新理论“飞入寻常百姓家”，走进普通百姓心，使人民群众真正弄清楚“能”“行”“好”问题，自觉地贯彻执行党的理论路线方针政策，自觉自愿地听党话、跟党走。

第三，要开展好“永远跟党走”群众性主题宣传教育活动。这是教育引导人民群众听党话、跟党走的重要举措。要紧密结合实际，创新方式方法，多用群众喜欢听、听得进的语言，多建群众爱参与、能参与的平台，组织开展党旗在基层一线高高飘扬、入党宣誓、讲党课和优秀党课展播、学习体验、主题宣讲、青少年心向党、群众性文化等主题宣传教育活动，大力唱响共产党好、社会主义好、改革开放好、伟大祖国好、各族人民好的时代主旋律，激励和动员全党全军全国各族人民更加紧密地团结在以习近平同志为核心的党中央周围，风雨同舟、同甘共苦，不忘初心、牢记使命，开拓奋进、攻坚克难，立足本职岗位作贡献，把爱党爱国爱社会主义热情转化为实际行动，为确保“十四五”开好局、起好步，为全面建设社会主义现代化国家、夺取新时代中国特色社会主义伟大胜利、实现中华民族伟大复兴的中国梦不懈奋斗。

第四，要做好深入细致的思想政治工作。这是教育引导人民群众听党话、跟党走的重要方法。这里的关键是坚持“一把钥匙开一把锁”，分门别类地进行。企业思想政治工作，要把思想政治工作同生产经营管理、人力资源开发、企业精神培育、企业文化建设等工作结合起来，在思想上解惑、精神上解忧、文化上解渴、心理上解压。农村思想政治工作，要加强农村精神文明和思想道德建设，开展弘扬时代新风和移风易俗行动，抵制腐朽落后文化侵蚀，培养有理想、有道德、有文化、有纪律的新时代农民。机关思想政治工作，要坚持把带头做到“两个维护”作为机关思想政治工作的首要任务，深化政治机关意识教育，开展模范机关创建活动，开展对党忠诚教育，开展作风建设专项整治行动，努力建设讲政治、守纪律、负责任、有效率的模范机关。学校思想政治工作，要加快构建学校思想政治工作体系，实施时代新人培育工程，完善青少年理想信念教育齐抓共管机制，培养德智体美劳全面发展的社会主义建设者和接班人。社区思想政治工作，要健全社区党组织领导基层群众性自治组织开展思想政治工作的相关制度，加强社区思想政治工作网格化建设，统筹发挥社会力量协同作用，使思想政治工作真正深入到群众生产和生活中去。网络思想政治工作，要深入实施网络内容建设工程，加强网络传播能力建设，依法加强网络社会管理，推动思想政治工作传统优势与信息技术深度融合，使互联网这个最大变量变成事业发展的最大增量。

总之，要通过各具特色的有针对的思想政治工作，解决不同群体的思想认识问题，把大家的思想行动统一起来，步调一致地听党话、跟党走。

七　大思政要跟现实结合起来

认识世界的目的在于改造世界。理论与实际相结合是马克思主义的基本原则，大思政与现实相结合是大思政的内在要求。习近平总书记指出：“‘大思政课’我们要善用之，一定要跟现实结合起来。上思政课不能拿着文件宣读，没有生命、干巴巴的。”[1]大思政与现实相结合，要坚持理论性与现实性相统一，把思政小课堂同社会大课堂结合起来，凝聚起中华民族伟大复兴的强大力量。

（一）坚持理论性与现实性相统一

大思政，要以情动人，更要以理服人。这个理，是道理，也就是理论性。从大思政相关的课程来看，习近平新时代中国特色社会主义思想概论、中国马克思主义与当代、中国特色社会主义理论与实践研究、马克思主义基本原理概论、毛泽东思想和中国特色社会主义理论体系概论、中国近现代史纲要、思想道德修养与法律基础、形势与政策、道德与法治等，讲的都是理论问题，具有很强的理论性。

[1]《“大思政课”我们要善用之》，人民网 2021 年 3 月 7 日。

大思政，关系到人们的世界观人生观价值观，关系到对马克思主义的信仰、对中国特色社会主义的信念、对中华民族伟大复兴中国梦的信心，关系到一代代社会主义建设者和接班人的培养，具有很强的现实性。

坚持理论性与现实性相统一，是由大思政的理论性决定的。大思政讲的是理论问题。理论来源于实践，又服务于实践，在实践中检验和发展。坚持理论性与现实性的统一，正是理论与实践这种关系的要求和反映。

坚持理论性与现实性相统一，是大思政的使命、生命之所在。大思政是用理论分析，解决人们在思想、工作、生活等方面的现实问题，是理论与现实的内在统一。一般来说，对实际问题分析得越透彻、解决得越好，大思政就越成功，越有生命力。实际工作中，一些教师教的思政课之所以不受欢迎，学生看手机、打瞌睡，一些宣传工作者之所以不能打动群众，一个重要原因很可能是理论与实际相脱节，照本宣科，干巴巴的，“两张皮”。

上好大思政课，首先要搞清楚党的理论。搞清楚马克思列宁主义、毛泽东思想、邓小平理论、“三个代表”重要思想、科学发展观特别是习近平新时代中国特色社会主义思想的深刻内涵。党的理论是博大精深的科学理论体系。以其昏昏，使人昭昭，是不行的。思想政治工作者要认真学习，读原著、学原文、悟原理，完整准确地把握党的理论。要准确理解党的理论，比如，什么是物质、什么是意识、什么是中华民族伟大复兴的中国梦等，要理解准确。要弄通党的理论，弄清楚其理论逻辑，如马克思主义哲学、政治经济学、科学社会主义三者之间的密切关系，马克思主义哲学主要是一般的世界观方法论，政治经济学是对资本主义社会矛盾运动的具体分析，科学社会主义是在前二者基础上的科学结论，三者科学解答了资本主义向何处去、人类社会向何处去的问题。又如习近平新时代中国特色社会主义思想，主题是新时代坚持和发展什么样的中国特色社会主义、怎样坚持和发展中国特色社会主义，“十个明确”主要是对前者的科学解答，“十四个基本方略”主要是对后者的战略部署。要深刻理解党的理论，弄清楚党的理论的形成发展过程，弄清楚党的理论的理论渊源，弄清楚党的理论的文化渊源，弄清楚党的理论的实践源头。要把党的理论搞精，弄清楚党的理论的世界观方法论，弄清楚党的理论的立场观点方法，弄清楚党的理论的精髓，如实事求是，不仅走进党的理论，也要从理论中走出来，把握党的理论的精髓要义。

上好大思政课，其次要准确把握现实情况。要完整准确地把握世情国情党情以及受教育者的思想状况，不仅要把握其现状，也要把握其历史和未来的发展趋势。这个问题，看起来似乎很简单，实际很复杂。现实是复杂的、多变的，比如，我国陆地面积约 960 万平方千米，内海和边海的水域面积约 470 多万平方千米，23 个省、5 个自治区、4 个直辖市、2 个特别行政区；每一个省又有复杂的情况，自然地理、资源环境、历史文化、山水胜景、综合实力各不相同。每一个市县乡村又有各自的情况和问题。这就要求我们要开展深入细致的调查研究，去粗取精、去伪存真，透过现象看本质，全面把握世情国情党情以及受教育者的历史、现状、问题和趋势，做到心中有数。

上好大思政课，最后要坚持理论与现实有机结合。要坚持问题导向，站在党的理论的立场上，坚持党的理论揭示的规律和基本观点，运用党的理论提供的基本方法，深入分析现实问题，及时回答实践中的热点难点问题，使受教育者能够正确地认识世界、认识中国、认识我们的党甚至认识自己，认识党中央的重大决策部署，以统一人们的思想。要强化实践教学，直面现实问题，紧密结合实际，深刻理解党的理论回答的时代课题，形成的时代背景、实践基础、历史文化渊源，从而真正学懂弄通党的理论，增强理论自信；还要善于总结实践经验，从一个个具体实践中发现普遍性的问题，丰富党的理论。

（二）把思政小课堂同社会大课堂结合起来

把思政小课堂同社会大课堂结合起来，是习近平总书记的明确要求，是思政课自身的实践性和教育培养好社会主义建设者和接班人的内在要求，是理论教育和实践教育相结合这个根本原则的具体体现，是坚持理论性与现实性相统一的应有之义。

要办好思政小课堂。这是实现小课堂同大课堂结合的基础。这就要求按照教学大纲的要求，传道授业，释疑解惑，全面完成各项教学任务。要紧密结合社会实际，科学回答学生关心的社会问题。

要办好党校，用好“三会一课”，办好培训班，对党员干部、先进分子和人民群众开展多种形式的培训，提高其理论素质。要加强案例教学，以案例提升小课堂的效果，拉近小课堂与大课堂的距离。比如，讲到乡村治理时，可以讲一讲“枫桥经验”。“枫桥经验”形成于社会主义建设时期，主要是发动和依靠群众，坚持矛盾不上交，就地解决，实现捕人少，治安好。2003年，时任浙江省委书记的习近平同志在纪念毛泽东同志批示“枫桥经验”40周年大会上提出，要充分珍惜“枫桥经验”，大力推广“枫桥经验”，不断创新“枫桥经验”。进入新时代，习近平总书记多次就坚持和发展新时代“枫桥经验”作出重要指示，提出了许多新要求，为推进基层社会治理现代化提供了基本遵循。“枫桥经验”先后被写入《中国共产党农村基层组织工作条例》、《为人民谋福利：新中国人权事业发展70年》白皮书、《中共中央关于坚持和完善中国特色社会主义制度 推进国家治理体系和治理能力现代化若干重大问题的决定》。“枫桥经验”也在不断丰富发展：在治理理念上，从侧重社会稳定为主，转为社会全面进步，推进基层社会治理现代化；在治理主体上，从一元治理转为多元治理，形成了共建共治共享的社会治理格局；在治理方式上，从传统治理转为数字治理，从被动治理转为主动治理，从事后治理转为事先预防，形成了系统治理、依法治理、综合治理、源头治理的现代治理体系。[1] 让学生从类似的案例中加深对理论的理解。

[1] 参见《“枫桥经验”：基层社会治理的中国方案》，《光明日报》2021年3月17日。

要走进社会大课堂，开展好社会实践教学。社会是广阔的课堂，实践是最好的老师。青年学生最终要在社会中成长，在社会中工作，在社会中实现人生价值。社会实践教学是连接思政小课堂与社会大课堂的桥梁和纽带，是思政小课堂育人和社会大课堂育人的统一，也是思政小课堂与社会大课堂的“熔炉”。开展好社会实践教学，对于激发学生的内心情感，开阔学生视野，消化吸收理论，提高教学成效具有积极意义。例如，基层治理对很多中学生来说，只是一个理论的概念。怎样讲好这个问题？2020 年 10 月 28 日，山东省中学教师张德林带领学生们来到泉城路社区，在泉城路街道办指挥中心、泉城路街道党员活动中心、泉城路街道鞭指巷社区养老服务中心，学生们实地参观，与基层党政干部、人民群众面对面交谈，实践基地老师也现身说法，讲解并回答学生的提问。张德林课堂上画出的“泉城街道基层治理基本格局”变成了具象的知识框架，增强了课程的现实感、体验感、亲和力，收到了良好的效果。要遵循学生成长规律和教育规律，坚持立德树人、实践育人，理论联系实际，课内与课外、集中与分散相结合，制订教学计划，明确教学目的，配备好带队教师，精选教学地点，科学规划教学路线和实践课程，组织学生走出校门、走进社会，深入实际，深入基层，深入工厂社区农村，深入人民群众，开展实践教学，深刻体会蕴涵在各门课程中反映人类文明成果、民族精神、科学精神、揭示事物本质规律的内容，培养其创新精神和实践能力。开展军政训练，提高其思想政治觉悟，增强国防观念和国家安全意识，培养爱国主义、集体主义、社会主义和革命英雄主义精神，加强组织纪律观念，发扬艰苦奋斗、吃苦耐劳作风。开展社会调查，要组织大学生围绕经济社会发展的重要问题，开展调查研究，帮助其正确认识社会现象，掌握科学研究方法，提高分析问题和解决问题的能力，努力把握事物的本质和规律。开展生产劳动、文化科技卫生“三下乡”、科教文体法律卫生“四进社区”、志愿服务西部、贫困地区支教等活动，激发大学生参与社会服务的热情，培养其劳动观念、职业道德和为人民服务的道德观。以此，使青年学生了解社会、认识国情，增长才干、奉献社会，锻炼毅力、培养品格，加深对理论政策的理解认识，坚持党的领导，增强信仰信念信心，增强历史使命感和社会责任感，树立正确的世界观、人生观、价值观，进而成长为中国特色社会主义事业的合格建设者和可靠接班人。

要创新实践教学方式方法。比如，天津工业大学的“四化一中心”的实践教学模式，即以能力提升为中心，实行教学课程化，建立实践教学课程体系，课堂内的实践教学、社会实践教学、网络实践教学按照 2∶5∶3 结构设计，给予每门必修课 0.5 学分、相应的学时；实践规范化，制定科学完备的实践方案；载体网络化，用网络化优化实践教学；效果品牌化，形成特色品牌，如概论课实践教学的“课堂内实践教学 + 课堂外社会实践教学 + 网络实践教学”。[1]海南大学“一主三辅”思政课实践教学模式，即以课堂实践教学为

[1] 参见张健华、吴优：《高校思政课“四化一中心”实践教学的建构与实践》，《光明日报》2019 年 9 月 20 日。

主，校园实践教学、网络实践教学和社会实践教学为辅，实现了学生到课率高、抬头率高、点头率高，学生对“一主三辅”实践教学模式的满意度一直保持在 91% 以上。[1] 这些都是有益的探索。要加强实践教学管理，防止走形式。总的来说，人们开始重视思政课的实践教学，但也存在着形式大于内容，实践教学随意化、走过场，学生以网络资料代替实际调查得来的实践报告，实践教学效果差的问题。这就要求我们，明确思政课实践教学的标准，加强实践教学的考核，把学生参加社会实践的情况记入学生素质拓展证书，让实践教学真正“实”起来。

要建好用好思政课实践教学基地。这是思政小课堂同社会大课堂结合的平台。建立这个平台，党委组织部门、宣传部门、教育工委、共青团等要发挥作用，学校要发挥优势、积极主动地同党政机关、城市社区、农村乡镇、爱国主义教育基地、企事业单位、部队、社会服务机构等对接，从地方建设发展的实际需求和学生锻炼成长的需要出发，挂牌建立多种形式的思政课实践教学基地。如，山东寿光首批建立了牛头镇抗日武装起义陈列馆、陈少敏纪念馆、马保三故居、烈士陵园等 30 所思政课实践教学基地；北京大学在红二十五军长征出发地河南罗山县何家冲学院挂牌建立了思政实践课教育基地。要加强基地管理，完善相关制度，建立多种形式的投入保障机制，完善思政课实践教学机制，定期评选表彰社会实践示范

[1] 参见《海南大学：“一主三辅”实践教学让思政课充满魅力》，《光明日报》2019 年 10 月 17 日。

基地和优秀基地，最大限度地发挥好基地的作用。

要传承好红色基因。传承红色基因，是习近平总书记十分关心的问题，是大思政的根魂。2016年2月1日至3日春节前夕，习近平总书记赴江西看望慰问广大干部群众时说："井冈山是革命的山、战斗的山，也是英雄的山、光荣的山，每次来缅怀革命先烈，思想都受到洗礼，心灵都产生触动。回想过去那段峥嵘岁月，我们要向革命先烈表示崇高的敬意，我们永远怀念他们、牢记他们，传承好他们的红色基因。"[1] 2020年9月18日，他在湖南考察工作结束时的讲话中指出："要教育引导广大党员、干部发扬革命传统，传承红色基因，牢记初心使命，走好新时代长征路。"[2] 从上好大思政课来说，其理论教育、理想信念教育、共产党人的品德教育、革命建设改革的经验规律教育等，都能从红色基因中找到根源。传承红色基因的一个好办法，是开展"红色之旅"，到石库门南湖畔，到井冈山、遵义、延安、西柏坡等地参观学习。传承红色基因，主要是传承由坚定正确的政治方向、解放思想实事求是的思想路线、全心全意为人民服务的根本宗旨、自力更生艰苦奋斗的创业精神构成的延安精神。开展好"红色之旅"，要以庆祝中国共产党成立100周年为契机，运用多种方式，开展"四史"教育，组织学生到革命博物馆、纪念馆、

[1] 习近平：《用好红色资源，传承好红色基因 把红色江山世世代代传下去》，《求是》2021年第10期。

[2] 习近平：《用好红色资源，传承好红色基因 把红色江山世世代代传下去》，《求是》2021年第10期。

党史馆、烈士陵园等是党和国家红色基因库，以及改革开放前沿、经济社会发展成效显著的地方进行参观学习，学史明理、学史增信、学史崇德、学史力行，厚植爱党、爱国、爱社会主义的情感，坚定对马克思主义的信仰、对中国特色社会主义的信念、对中华民族伟大复兴中国梦的信心，听党话、跟党走，自觉地为实现中华民族伟大复兴而奋斗。

（三）讲好抗疫这堂课

新冠肺炎疫情是迄今为止全球发生的最严重的大流行传染病之一，是新中国成立以来我国遭遇的传播速度最快、感染范围最广、防控难度最大的重大突发公共卫生事件。2019 年 12 月底，湖北省武汉市疾控中心监测发现不明原因肺炎病例。12 月 30 日，武汉市卫生健康委向辖区医疗机构发布《关于做好不明原因肺炎救治工作的紧急通知》。12 月 31 日凌晨，国家卫生健康委员会作出安排部署，派出工作组、专家组赶赴武汉市，指导做好疫情处置工作，开展现场调查；武汉市卫生健康委在官方网站发布《关于当前我市肺炎疫情的情况通报》。

疫情就是命令。面对来势汹汹的新冠肺炎疫情，以习近平同志为核心的党中央，坚持人民至上、生命至上，发挥中国特色社会主义的制度优势，高瞻远瞩，统揽全局，果断决策，与时间赛跑，同病魔较量，采取最全面、最严格、最彻底的一系列措施，带领和团结 14 亿多人民，同舟共济，众志成城，迅速打响疫情防控的人民战争、总体战、阻击战。2020 年 1 月 1 日，国家卫生健康委成立疫情应对处置领导小组，每日召开领导小组会议。1 月 5 日，我国向世界卫生组织通报疫情信息。1 月 7 日，中共中央总书记习近平在主持召开中央政治局常委会会议时，对做好疫情防控工作提出要求。1 月 20 日，习近平总书记对新冠肺炎疫情作出重要指示，强调要把人民群众生命安全和身体健康放在第一位，坚决遏制疫情蔓延势头。要及时发布疫情信息，深化国际合作。国务院总理李克强主持召开国务院常务会议，进一步部署新冠肺炎疫情防控工作。国务院副总理孙春兰出席新冠肺炎疫情防控工作电视电话会议时强调，压实属地防控责任，强化防控措施落实，切实保障人民群众健康，维护正常生产生活秩序。1 月 25 日，农历正月初一，习近平总书记主持召开中共中央政治局常务委员会会议，专门听取新冠肺炎疫情防控工作汇报，对疫情防控特别是患者治疗工作进行再研究、再部署、再动员。会议决定，党中央成立应对疫情工作领导小组，在中央政治局常务委员会领导下开展工作。党中央向湖北等疫情严重地区派出指导组，推动有关地方全面加强防控一线工作。2 月 3 日，习近平总书记主持召开中共中央政治局常务委员会会议，听取中央应对新型冠状病毒肺炎疫情工作领导小组和有关部门关于疫情防控工作情况的汇报，研究下一步疫情防控工作。[1] 经过一系列有效防控，“用 1 个多月的时间初步遏制疫情蔓延势头，用 2 个月左右的时间将本土

[1] 参见《中国发布新冠肺炎疫情信息、推进疫情防控国际合作纪事》，新华网 2020 年 4 月 6 日。

每日新增病例控制在个位数以内，用3个月左右的时间取得武汉保卫战、湖北保卫战的决定性成果，进而又接连打了几场局部地区聚集性疫情歼灭战，夺取了全国抗疫斗争重大战略成果。在此基础上，我们统筹推进疫情防控和经济社会发展工作，抓紧恢复生产生活秩序，取得显著成效”[1]。

抗疫是一场中国特色社会主义国家治理的生动实践，“充分展现了中国共产党领导和我国社会主义制度的显著优势，充分展现了中国人民和中华民族的伟大力量，充分展现了中华文明的深厚底蕴，充分展现了中国负责任大国的自觉担当”[2]，是一堂丰富生动的大思政课。全国人民都受到了深刻的教育。习近平总书记在全国抗击新冠肺炎疫情表彰大会上的讲话就是这堂思政课的精彩一讲。讲好抗疫这堂思政课，就要认真贯彻习近平总书记的讲话精神，讲好学好抗疫先进典型，讲好学好抗疫的经验启示，讲好学好伟大抗疫精神，为开启全面建设社会主义现代化国家新征程，实现中华民族伟大复兴的中国梦不懈奋斗。

要讲好学好抗疫先进典型。榜样的力量是无穷的。在抗疫过程中，广大党员干部牢记党和人民重托，充分发挥先锋模范作用，不畏艰险、冲锋在前，460多万个基层党组织冲锋陷阵；全国数百万

[1] 习近平：《在全国抗击新冠肺炎疫情表彰大会上的讲话》，《光明日报》2020年9月9日。

[2] 习近平：《在全国抗击新冠肺炎疫情表彰大会上的讲话》，《光明日报》2020年9月9日。

名医务人员发扬救死扶伤、医者仁心的崇高精神，奋战在抗疫一线，54万名湖北省和武汉市医务人员同病毒短兵相接，346支国家医疗队、4万多名医务人员毅然奔赴前线，义无反顾、日夜奋战；人民解放军指战员闻令而动、敢打硬仗；广大公安民警、疾控工作人员忠诚履职、坚守岗位，400多万名社区工作者在全国65万个城乡社区日夜值守，数百万快递员冒疫奔忙，180万名环卫工人起早贪黑；广大科研人员、新闻工作者、下沉干部、志愿者、企业职工真诚奉献、不辞辛劳；广大人民群众顾全大局、守望相助。我们用10多天时间先后建成火神山医院和雷神山医院，大规模改建16座方舱医院，迅速开辟600多个集中隔离点，19个省区市对口帮扶除武汉以外的16个市州。[1] 涌现出了共和国功勋钟南山，人民英雄张伯礼、张定宇、陈薇，武汉市金银潭医院、首都医科大学附属北京地坛医院党委、天津国家紧急医学救援队临时党支部、河北援鄂抗疫医疗队临时党委等500个全国抗击新冠肺炎疫情先进集体，童朝晖、吴琦、梅建强、关炜、徐英辉、陈尔真等1499名全国抗击新冠肺炎疫情先进个人，一大批“90后”“00后”交上了优秀答卷。[2] 他们的英勇表现和感人事迹可歌可泣、催人奋进，要讲好学好他们的先进事迹，以激发风雨同舟、顽强拼搏、勇担重任的强大力量。

[1] 习近平：《在全国抗击新冠肺炎疫情表彰大会上的讲话》，《光明日报》2020年9月9日。

[2] 参见《关于表彰全国抗击新冠肺炎疫情先进个人和先进集体的决定》，《光明日报》2020年9月9日。

要讲好学好抗疫的经验启示。在这场波澜壮阔的抗疫斗争中，我们积累了重要经验和深刻启示，概括为六个方面。

一是中国共产党所具有的无比坚强的领导力，是风雨来袭时中国人民最可靠的主心骨。这次抗疫斗争伊始，党中央就号召全党，让党旗在防控疫情斗争第一线高高飘扬，充分体现了中国共产党人的担当和风骨！在抗疫斗争中，广大共产党员不忘初心、牢记使命，充分发挥先锋模范作用，25000多名优秀分子在火线上宣誓入党。正是因为有中国共产党领导、有全国各族人民对中国共产党的拥护和支持，中国才能创造出世所罕见的经济快速发展奇迹和社会长期稳定奇迹，我们才能成功战洪水、防非典、抗地震、化危机、应变局，才能打赢这次抗疫斗争。这启示我们，只要毫不动摇坚持和加强党的全面领导，不断增强党的政治领导力、思想引领力、群众组织力、社会号召力，永远保持党同人民群众的血肉联系，我们就一定能够形成强大合力，从容应对各种复杂局面和风险挑战。

二是中国人民所具有的不屈不挠的意志力，是战胜前进道路上一切艰难险阻的力量源泉。千百年来，中国人民就以生命力的顽强、凝聚力的深厚、忍耐力的坚韧、创造力的巨大而闻名于世，抗击这次疫情就是一次有力的证明。这启示我们，只要紧紧依靠人民、一切为了人民，充分激发广大人民顽强不屈的意志和坚忍不拔的毅力，我们就一定能够使最广大人民紧密团结在一起，不断创造中华民族新的历史辉煌。

三是中国特色社会主义制度所具有的显著优势，是抵御风险挑战、提高国家治理效能的根本保证。我国社会主义制度具有非凡的组织动员能力、统筹协调能力、贯彻执行能力，能够充分发挥集中力量办大事、办难事、办急事的独特优势，这次抗疫斗争有力彰显了我国国家制度和国家治理体系的优越性。这启示我们，只要坚持和完善中国特色社会主义制度、推进国家治理体系和治理能力现代化，善于运用制度力量应对风险挑战冲击，我们就一定能够经受住一次次压力测试，不断化危为机、浴火重生。

四是新中国成立以来所积累的坚实国力，是从容应对惊涛骇浪的深厚底气。我们长期积累的雄厚物质基础、建立的完整产业体系、形成的强大科技实力、储备的丰富医疗资源为疫情防控提供了坚强支撑。这启示我们，只要不断解放和发展社会生产力，不断增强经济实力、科技实力、综合国力，不断让广大人民的获得感、幸福感、安全感日益充实起来，不断坚持和发展中国特色社会主义、实现中华民族伟大复兴的物质基础日益坚实起来，我们就一定能够使中国特色社会主义航船乘风破浪、行稳致远。

五是社会主义核心价值观、中华优秀传统文化所具有的强大精神动力，是凝聚人心、汇聚民力的强大力量。在这次抗疫斗争中，14 亿中国人民显示出高度的责任意识、自律观念、奉献精神、友爱情怀，铸就起团结一心、众志成城的强大精神防线。这启示我们，只要不断培育和践行社会主义核心价值观，始终继承和弘扬中华优秀传统文化，我们就一定能够建设好全国各族人民的精神家园，筑牢中华儿女团结奋进、一往无前的思想基础。

六是构建人类命运共同体所具有的广泛感召力，是应对人类共同挑战、建设更加繁荣美好世界的人间正道。新冠肺炎疫情以一种特殊形式告诫世人，人类是荣辱与共的命运共同体，重大危机面前没有任何一个国家可以独善其身，团结合作才是人间正道。任何自私自利、嫁祸他人、颠倒是非、混淆黑白的做法，不仅会对本国和本国人民造成伤害，而且会给世界各国人民带来伤害。这启示我们，只要国际社会秉持人类命运共同体理念，坚持多边主义、走团结合作之路，世界各国人民就一定能够携手应对各种全球性问题，共建美好地球家园。这些经验启示，是我们用汗水、鲜血和生命换来的，我们一定要讲好学好，倍加珍惜。

要讲好学好伟大抗疫精神。人无精神则不立，国无精神则不强。精神的力量是无穷的。在这场同严重疫情的殊死较量中，铸就了伟大抗疫精神：生命至上、举国同心、舍生忘死、尊重科学、命运与共。生命至上，集中体现了中国人民深厚的仁爱传统和中国共产党人以人民为中心的价值追求；在保护人民生命安全面前，我们不惜一切代价，从出生仅 30 多个小时的婴儿到 100 多岁的老人，从在华外国留学生到来华外国人员，每一个生命都得到全力护佑，人的生命、人的价值、人的尊严得到悉心呵护。举国同心，集中体现了中国人民万众一心、同甘共苦的团结伟力；面对生死考验，面对长时间隔离带来的巨大身心压力，长城内外、大江南北，全国人民心往一处想、劲往一处使，把个人冷暖、集体荣辱、国家安危融为一体，14 亿中国人民同呼吸、共命运，肩并肩、心连心，绘就了团结就是力量的时代画卷。舍生忘死，集中体现了中国人民敢于压倒一切困难而不被任何困难压倒的顽强意志；危急时刻，各条战线的抗疫勇士临危不惧、视死如归，困难面前豁得出、关键时刻冲得上，以生命赴使命，用大爱护众生。尊重科学，集中体现了中国人民求真务实、开拓创新的实践品格；面对前所未知的新型传染性疾病，我们秉持科学精神、科学态度，把遵循科学规律贯穿到决策指挥、病患治疗、技术攻关、社会治理各方面全过程；在没有特效药的情况下，实行中西医结合，先后推出八版全国新冠肺炎诊疗方案，筛选出“三药三方”等临床有效的中药西药和治疗办法，被多个国家借鉴和使用。命运与共，集中体现了中国人民和衷共济、爱好和平的道义担当；我们秉承“天下一家”的理念，不仅对中国人民生命安全和身体健康负责，也对全球公共卫生事业尽责，充分展示了讲信义、重情义、扬正义、守道义的大国形象，生动诠释了为世界谋大同、推动构建人类命运共同体的大国担当。这种精神是我们的宝贵财富，要讲好学好，大力弘扬，使之转化为全面建设社会主义现代化国家、实现中华民族伟大复兴的强大力量。

八 大思政教学内容要跟上时代

与时俱进是马克思主义的理论品质。跟上时代是大思政的生命所在。习近平总书记指出："教育引导青年正确认识世界，全面了解国情，把握时代大势。"[1]这就要求思政课教师，不断备课，及时更新教学内容，教育引导青年正确地认识世界，把握国情，顺势而为，做时代的弄潮儿、建设者，解决好世界怎么了、中国怎么样、学生怎么办问题。

（一）不断备课、常讲常新

备课、讲课是教师的天职。备课是讲课的基础，讲课是教学的关键。要讲好大思政，必须不断备课，经常更新讲授内容，常讲常新。正如习近平总书记所说："讲好思政课不容易，因为这个课要求高。"[2]

思政课政治性强。大思政，讲的是政治问题。讲政治是对大思

[1] 习近平：《在纪念五四运动100周年大会上的讲话》，新华网2019年4月30日。
[2] 习近平：《思政课是落实立德树人根本任务的关键课程》，《求是》2020年第17期。

政教学的第一位要求。我们常讲的学术无禁区、宣传有纪律，这个纪律，首先就是政治纪律。总的来说，讲政治比较简单，主要是坚持中国共产党的领导，增强“四个意识”，坚定“四个自信”，做到“两个维护”。但具体来说，讲政治十分复杂，比如，存在着“七个有之”的问题，即：搞任人唯亲、排斥异己的有之，搞团团伙伙、拉帮结派的有之，搞匿名诬告、制造谣言的有之，搞收买人心、拉动选票的有之，搞封官许愿、弹冠相庆的有之，搞自行其是、阳奉阴违的有之，搞尾大不掉、妄议中央的也有之。又如，按照《中国共产党纪律处分条例》关于政治纪律的要求，不准在重大原则问题上不同党中央保持一致，不准公开发表反党言论，不准违背四项基本原则、妄议中央大政方针、丑化党和国家形象，不准制作、贩卖、传播、携带、寄递反党丑国的书刊、音像制品、电子读物和网络音视频资料，不准在党内组织、参加秘密集团或其他分裂党的活动，不准在党内搞团团伙伙、结党营私、拉帮结派、培植个人势力等非组织活动，不准搞山头主义，不准落实党中央决策部署不坚决、打折扣搞变通，不准对党不忠诚不老实，不准擅自对应当由党中央决定的重大政策问题作出决定、对外发表主张，不准不按照有关规定向组织请示、报告重大事项，不准干扰巡视巡察工作和不落实巡视巡察整改要求，不准对抗组织审查，不准组织、参加反对党的基本理论、基本路线、基本方略的活动，不准组织、参加反党、反社会主义或者敌视政府的组织，不准组织、参加会道门或者邪教组织，不准从事、参与挑拨破坏民族关系，不准组织、利用宗教活动反党和破坏民族团结，不准信仰宗教，不准组织、参加迷信活动，不准组织、利用宗族势力对抗党和政府，不准叛逃和在国（境）外公开发表反党反政府言论，不准在涉外活动中损害党和国家尊严、利益，不准不履行全面从严治党责任，不准对违反政治纪律规矩的错误思想行为不报告、不抵制、不斗争，不准违反党的优良传统和工作惯例等党的规矩等。要在信息时代异常复杂的国内外形势下做到这26个“不准”，对思政课教师来说，并不是一件轻松的事情；要在授课过程中把这件不轻松的事情做好，必须事先认真备课，精心准备。

思政课课程难。思政课是一门综合性非常强的课程，涉及方方面面的知识，授课难度系数很高。对此，习近平总书记作过具体分析，他说：“思政课教学涉及马克思主义哲学、政治经济学、科学社会主义，涉及经济、政治、文化、社会、生态文明和党的建设，涉及改革发展稳定、内政外交国防、治党治国治军，涉及党史、国史、改革开放史、社会主义发展史，涉及世界史、国际共运史，涉及世情、国情、党情、民情，等等。这样的特殊性对教师综合素质要求很高。”“思政课上学生会提一些尖锐敏感的问题，往往涉及深层次理论和实践问题，把这些问题讲清楚讲透彻并不容易。”[1] 思政课的每一个方面，又涉及许多知识，如马克思主义哲学，批判地继承了德国古典哲学以及人类文明的哲学成果，要讲好马克思主义哲学，

[1] 习近平：《思政课是落实立德树人根本任务的关键课程》，《求是》2020年第17期。

没有哲学涉及的相关知识，是不行的。这就要求思政课教师，经常学习，广泛学习，经常备课，常讲常新。

思政课时政内容变化快。理论联系实际是思政课的基本原则。客观实际是一日千里、瞬息万变，我们的政策必须顺应形势、不断更新，党的理论也必须根据实际的变化与时俱进。比如，计划生育政策，顺应老龄化这个全球性人口发展大趋势和基本国情，2021年5月31日中共中央政治局会议审议《关于优化生育政策促进人口长期均衡发展的决定》，明确进一步优化生育政策，实施一对夫妻可以生育三个子女政策及配套支持措施。这样，我国的人口政策就在独生子女、全面两孩的基础上实现了新的调整，要求相关思政课跟进更新，经常备课，常讲常新。正如习近平总书记所说：“国内外形势、党和国家工作任务发展变化较快，思政课教学内容要跟上时代，只有不断备课、常讲常新才能取得较好教学效果。”[1]

思政课对教师要求高。思政课是立德树人的主渠道和核心课，承担着对大学生进行系统的马克思主义理论教育，巩固马克思主义在高校意识形态领域指导地位，坚持社会主义办学方向的重要阵地的任务，与其他课程相比，要求更高。如《新时代高校思想政治理论课教学工作基本要求》明确，思政课必须全面贯彻党的教育方针，落实立德树人根本任务，把高校思想政治课教学工作摆在更加突出的位置，更加重视加强和改进教学管理，更加重视提升教学质量，

[1] 习近平：《思政课是落实立德树人根本任务的关键课程》，《求是》2020年第17期。

不断提升思想政治理论课的亲和力和针对性，全面推动习近平新时代中国特色社会主义思想进教材进课堂进学生头脑，牢固树立“四个意识”，坚定“四个自信”，培养德智体美劳全面发展的中国特色社会主义合格建设者和可靠接班人，培养担当民族复兴大任的时代新人。坚持正确政治方向，强化思想政治理论课价值引领功能；坚持全流程管理，贯穿思想政治理论课课前、课中、课后各环节；坚持规范化建设，不断健全思想政治理论课教学工作制度；坚持增强获得感，促进思想政治理论课教学有虚有实、有棱有角、有情有义、有滋有味。要把这些要求落到实处，取得实效，必须做到经常备课，常讲常新。

做到不断备课、常讲常新，并不是一件轻轻松松的事情，需要艰苦细致的工作，需要方方面面的努力。

首先，要加强组织领导。这是不断备课、常讲常新的保证。要把思政课摆上重要位置，落实校、省、部三级听课制度，高校党委书记、校长，分管思想政治理论课建设和分管教学、科研工作的校领导，每人每学期至少听一次课；省级教育部门每学年要组织专家对属地高校开展全覆盖听课；教育部高校思想政治理论课教学指导委员会要组织专家开展随机听课。高校党委书记要落实思想政治理论课建设第一责任人责任，校长要切实负起政治责任和领导责任，开展教学督导。高校思想政治理论课教学指导委员会要发挥好咨询、研判、督查、评估、培训、示范、指导、引领等作用，加强对教学重点难点问题研究解答，开展精品课程教学展示活动，及时发布各门课程教学建议。党支部要发挥战斗堡垒作用，教研室（组）要认真履行思想政治理论课具体教学任务职责，用好“三会一课”、教研室（组）业务会议，积极开展科研、学术活动，开展教师培训、培养，组织教研室集体备课，加强对教学情况监督检查，为不断备课、常讲常新提供组织保证。

其次，要持续学习研究。这是不断备课、常讲常新的要求。常言道，要想给人一碗水，自己要有一桶水。不断备课、常讲常新，就要不断学习、加强研究，自觉主动学，及时跟进学，联系实际学，笃信笃行学。这就要求思政课教师，突出重点，下足功夫，读原著、学原文、悟原理，特别是认真学习习近平新时代中国特色社会主义思想。一本一本地读，一篇一篇地读，一句一句地读，一字一句地读，别怕花时间，别投机取巧，真正学懂弄通。要全面学习，教马克思主义基本原理概论的，要学一学毛泽东思想和中国特色社会主义理论体系概论、中国近现代史纲要、思想道德修养与法律基础、形势与政策等课程；同理，教毛泽东思想和中国特色社会主义理论体系概论课的，也要学习马克思主义基本原理概论及其他相关课程的知识，千万不能把这些知识简单地割裂开来。要广泛学习，经常地翻一翻经济、政治、文化、社会、历史等方方面面的研究成果，厚植备课、讲课的思想文化基础。

最后，要创新方式方法。用好“三巡六创优”，即优秀思政课示范巡讲、思政课建设优秀成果巡礼、思政课建设巡察和思路创优、师资创优、教材创优、教法创优、机制创优、环境创优，要把思政课讲得“有虚有实”“有棱有角”“有情有意”“有滋有味”“有己有人”，全力办好新时代学校思政课。[1]用好“三集三提”，即集中研讨提问题、集中培训提素质、集中备课提质量，坚持问题导向，强化教师的前沿意识，集中研讨教学重点难点热点困惑问题，促进各门课程有效衔接；组织教师定期开展集中培训，集中学习党的理论路线方针政策，开展理论学习成果和经验交流，补齐短板，提升素质；依据教材和教学大纲，紧扣新时代、新阶段、新理念、新格局、新要求，用好全国高校思想政治理论课教师网络集体备课平台，运用网上网下、新任职教师试讲、骨干教师讲示范课、教学经验丰富的教师说课、教师互相听课、党员说课、思政课教师兼职担任辅导员或班主任等多种方式，定期组织集体备课，准确把握教材基本精神，研究确定教学进度和内容，统一教学目标，形成统一的参考教案。用好新媒体新技术，创新教学载体方式，运用视频、图画、社群、音频等手段，开展探究式、案例式、互动式、专题式、文献精读、启发研讨、分众式、体验式教学，提高教学的效果和质量。

（二）正确认识世界

当今世界正在发生复杂深刻的变化，可以说，无时不变，瞬息万变。面对这种变化，思政课要理论联系实际，要发挥好培养有全球视野的中国特色社会主义建设者和可靠接班人的关键作用，必须教育引导学生正确认识世界，回答好“世界怎么了”“人类向何处

[1] 参见陈宝生：《全力办好新时代学校思政课》，人民网2019年4月23日。

去”这个时代之题。

第一，要培养学生认识世界的科学世界观和方法论。这是正确认识世界的前提。这就要求我们用好马克思主义基本原理概论课，教育引导学生真正把握马克思主义的唯物史观、剩余价值学说和科学社会主义基本原理，真正懂得世界的物质多样性及其联系发展变化规律，真正懂得人类社会生产力与生产关系、经济基础与上层建筑的矛盾运动规律，真正懂得资本主义社会生产的社会化与资本主义社会的私人占有之间的矛盾运动规律，真正懂得资本主义必然灭亡、社会主义必然胜利的历史趋势以及“无论哪一个社会形态，在它所能容纳的全部生产力发挥出来以前，是决不会灭亡的；新的更高的生产关系，在它的物质存在条件在旧社会的胎胞里成熟以前是决不会出现的”的“两个决不会”等，以此把握正确认识世界的“望远镜”。

第二，要教育引导学生了解世界的基本情况。这是正确认识世界的基本内容。这就要求我们搞好课程思政，用好世界历史、地理等课程，教育引导学生了解宇宙，了解地球及其历史、地形、陆地、海洋、山脉、河流、资源，了解世界上的国家、历史、人口，了解各个国家的经济、政治、文化、社会、生态、军事等发展状况及其在世界上的地位。了解联合国这个最具普遍性、代表性、权威性的政府间国际组织，懂得《联合国宪章》，了解其维持国际和平及安全，发展国际以尊重人民平等权利及自决原则为根据之友好关系，促成国际合作，以解决国际属于经济、社会、文化及人类福利性质之国际问题，且不分种族、性别、语言或宗教，增进并激励对于全体人类之人权及基本自由之尊重，构成一协调各国行动之中心等宗旨，诸如此类。对世界的基本情况了解得越全面越好，越具体越好，越详细越好。

第三，要教育引导学生把握当今世界百年未有之大变局。这是正确认识世界的重点。1874 年，李鸿章在给同治皇帝的奏折上曾有“数千年未有之大变局”的提法。关于当今世界百年未有之大变局，习近平总书记有许多论述，许多人进行了研究和探讨。借鉴这些研究成果，要教育引导学生懂得：世界百年未有之大变局是习近平总书记站位历史，遵循规律，对世界发展大势作出的重大战略判断。这里的“百年”，是一个大历史概念，是一个相对较长且正在发生巨大变化的历史时期。这里的“世界”，不只是传统意义的国际关系，而是指视野更为宏大、内涵更为丰富的人类社会。[1] 所谓世界百年未有之大变局，是指在一个相对较长的历史时期深刻影响世界历史发展方向和进程的大博弈、大变革、大发展。其特点是变，大变，百年之变，甚至有点“乱”。习近平总书记指出：“当今世界正经历百年未有之大变局。最近一段时间以来，世界最主要的特点就是一个‘乱’字，而这个趋势看来会延续下去。”[2] 这个百年大变，

[1] 参见罗建波：《从全局高度理解和把握世界百年未有之大变局》，人民网 2019 年 6 月 7 日。

[2] 习近平：《把握新发展阶段，贯彻新发展理念，构建新发展格局》，《求是》2020 年第 9 期。

概括起来说，就是当前国际格局和国际体系正在发生深刻调整，全球治理体系正在发生深刻变革，国际力量对比正在发生近代以来最具革命性的变化，即：世界经济重心正在加快“自西向东”位移；新一轮科技革命和产业变革正在重塑世界；新兴市场国家和发展中国家国际影响力不断增强，国际力量对比更趋均衡；全球治理的话语权越来越向发展中国家倾斜，全球治理体系越来越向着更加公正合理的方向发展；世界文明多样性更加彰显，世界各国开放包容、多元互鉴成为主基调。其根源是在新一轮科技革命、信息革命推动下，产业变革突飞猛进，生产力迅猛发展，生产关系和国际关系深刻调整，全球化不断拓展，世界经济政治发展不平衡规律作用的必然结果。其趋势是以“和平与发展”为主题的曲折发展变化，是从事实上“一家独大”的单极世界向协同共治的多极世界的重大转变，是现代化发展路径从一元走向多元的重大转变，是从社会主义遭遇严重挫折向科学社会主义在21世纪焕发勃勃生机的重大转变。这个变化是一个由量变到质变的渐进过程，目前世界力量结构尚未发生根本性变化，美国等西方国家仍在经济、科技、军事等方面占据优势地位，资本主义制度仍然具有顽强的生命力，资本主义与社会主义两种制度、两种道路的斗争也将是漫长的、持久的。[1] 在这种大变局中，和平、发展、合作、共赢的时代潮流没有变，发展中国家和新兴市场国家整体崛起的势头没有变，要正确认识大局与全局的关系，科学应对逆全球化、单边主义、保护主义，坚定应对当今世

[1] 参见何成：《全面认识和理解“百年未有之大变局”》，《光明日报》2020年1月3日。

界百年未有之大变局的决心和信心。

（三）全面了解国情

社会主义是时代的方向和趋势，中国是世界上最大的社会主义国家。思政课与时代相结合，必须结合社会主义，结合中国，教育学生全面了解国情。

第一，要教育引导学生把握我国的基本情况。我国幅员辽阔，地大物博，具有五千多年悠久的历史。要教育引导学生了解本国政治、经济、自然生态等方面的基本情况，认清中国国情：一是自然国情，如资源、地理、环境、人口；二是人文国情，如历史传统、文化背景、政治制度、经济制度等。在自然国情方面，通过绘声绘色、豪情满怀地介绍泰山、庐山、峨眉山、珠穆朗玛峰等名山奇峰，讲述长江、黄河等大河，畅谈云南石林、川西黄龙的“石灰华”、九寨沟等名胜景观，描绘桂林山水、三峡等壮丽景色，让学生直观地领略我们伟大祖国的大好河山。在人文国情方面，通过对我国的政治、经济、人口、文化、教育等现状的讲解，使学生认识到我国是一个统一多民族的社会主义国家，人口众多，经济建设成就巨大，文化、教育发展迅速，但现在尚处于社会主义初级阶段，仍有许多问题要我们去解决。

第二，要教育引导学生把握社会主义初级阶段。这是我国的基本国情。社会主义发展的阶段问题，始终是马克思主义探索的重大问题，而在中国革命、建设、改革实践中得到丰富和发展。马克思主义经典作家认为社会主义发展阶段是从资本主义社会到共产主义社会的革命转变时期、共产主义社会的第一阶段、共产主义社会的高级阶段等。我国过去所犯的“左”的错误根源即在于脱离了发展阶段。总结“文化大革命”的教训，叶剑英在庆祝建国30周年大会上指出，在我国实现现代化要有一个初级到高级的过程。党的十一届六中全会第一次提出我国社会主义制度还处于初级阶段。党的十三大全面阐述了社会主义初级阶段问题，指出我国正处在社会主义的初级阶段。这个论断包括两层含义。第一层，我国社会已经是社会主义社会。我们必须坚持而不能离开社会主义。第二层，我国的社会主义社会还处在初级阶段。我们必须从这个实际出发，而不能超越这个阶段。其主要矛盾是人民日益增长的物质文化需要同落后的社会生产之间的矛盾。经过40多年的改革开放，中国特色社会主义取得了长足的发展，国内生产总值超过100万亿元，载人航天、探月工程、深海工程、超级计算、量子信息等领域取得一批重大科技成果，脱贫攻坚成果举世瞩目，粮食生产连年丰收，共建“一带一路”成果丰硕，建成世界上规模最大的社会保障体系；全面建立实施困难残疾人生活补贴和重度残疾人护理补贴制度，教育公平和质量较大提升，医疗卫生事业加快发展，文化事业和文化产业繁荣发展，国防和军队建设水平大幅提升，国家安全全面加强，社会保持和谐稳定，正如意大利前总理、欧洲意大利人基金会主席达莱马所说，中国使数亿人摆脱贫困“是一个非凡的历史成就”，“人类历史上，没有哪个国家人民的生活发生如此巨大变化”。[1]

[1] 参见《全球连线｜人类历史上，没有哪个国家人民的生活发生如此巨大变化——访意大利前总理达莱马》，新华网2021年6月13日。

但发展不平衡不充分的一些突出问题尚未解决，发展质量和效益还不高，创新能力不够强，实体经济水平有待提高，生态环境保护任重道远，民生领域还有不少短板，城乡区域发展和收入分配差距依然较大，群众在就业、教育、医疗、居住、养老等方面面临不少难题，社会文明水平尚需提高，意识形态领域斗争依然复杂，等等。我国仍处于并将长期处于社会主义初级阶段的基本国情没有变，我国是世界最大发展中国家的国际地位没有变。要教育引导学生清醒认识这个基本国情，坚持以经济建设为中心，坚持四项基本原则，坚持改革开放，好好学习、天天向上，自力更生，艰苦创业，自觉地为把我国建设成为富强民主文明和谐美丽的社会主义现代化强国而学习和奋斗。

第三，要教育引导学生懂得中国特色社会主义新时代。这是我国发展新的历史方位。中国特色社会主义进入新时代，意味着近代以来久经磨难的中华民族迎来了从站起来、富起来到强起来的伟大飞跃，迎来了实现中华民族伟大复兴的光明前景；意味着科学社会主义在 21 世纪的中国焕发出强大生机活力，在世界上高高举起了中国特色社会主义伟大旗帜；意味着中国特色社会主义道路、理论、制度、文化不断发展，拓展了发展中国家走向现代化的途径，给世界上那些既希望加快发展又希望保持自身独立性的国家和民族提供了全新选择，为解决人类问题贡献了中国智慧和中国方案。这个新时代，是承前启后、继往开来、在新的历史条件下继续夺取中国特色社会主义伟大胜利的时代，是在全面建成小康社会的基础上全面建设社会主义现代化强国的时代，是全国各族人民团结奋斗、不断创造美好生活、逐步实现全体人民共同富裕的时代，是全体中华儿女勠力同心、奋力实现中华民族伟大复兴中国梦的时代，是我国日益走近世界舞台中央、不断为人类作出更大贡献的时代。其主要矛盾是人民日益增长的美好生活需要和不平衡不充分的发展之间的矛盾。人民美好生活需要日益广泛，不仅对物质文化生活提出了更高要求，而且在民主、法治、公平、正义、安全、环境等方面的要求也日益增长；我国社会生产力水平总体上显著提高，社会生产能力在很多方面进入世界前列，更加突出的问题是发展不平衡不充分，这已经成为满足人民日益增长的美好生活需要的主要制约因素。要教育学生做新时代的奋斗者，坚定理想信念，锤炼革命意志，让生命之花在新时代美丽绽放。

（四）把握时代大势

时代潮流，浩浩荡荡，顺之者昌，逆之者亡。思政课与时代相结合，不仅要教育引导学生认识时代、解决世界怎么样的问题，还要教育引导学生把握时代的发展规律趋势，解决世界向何处去的问题，并顺势而为，做时代的弄潮儿。

第一，要教育引导学生把握时代的根本走向。当今世界纷繁复杂、乱象横生、暗流涌动，国际共产主义运动虽然遭受东欧剧变、苏联解体等挫折，但马克思主义基于人类社会生产力与生产关系、经济基础与上层建筑矛盾运动规律所揭示的人类社会从资本主义发展到社会主义的潮流和趋势没有变，社会主义依然存在着发展着，以中国特色社会主义为代表的各具特色的社会主义正在展示出勃勃生机，正如俄罗斯联邦共产党中央委员会主席久加诺夫所说，中国在建设中国特色社会主义道路上取得了巨大成就，向世界展现了社会主义制度的优越性。[1] 塞浦路斯前联合民主党主席、塞浦路斯前总统乔治·瓦西利乌指出，在中国共产党领导下，中国取得的成就令世界钦佩。西方某些国家抱着冷战思维企图遏制中国的做法注定会失败。[2] 这表明社会主义是一种优越的社会制度，马克思主义所揭示的人类社会从资本主义发展到社会主义的根本走向没有变。

第二，要教育引导学生把握和平发展合作的时代潮流。当今世界正处于大发展大变革大调整时期，面临着许多不稳定、不确定因素，世界经济增长动能不足，贫富分化日益严重，地区热点问题此起彼伏，恐怖主义、网络安全、重大传染性疾病、气候变化等非传统安全威胁持续蔓延，人类面临许多共同挑战。但和平与发展仍然是时代主题，世界多极化、经济全球化、社会信息化、文化多样化深入发展，全球治理体系和国际秩序变革加速推进，各国相互联系和依存日益加深，国际力量对比更趋平衡，和平发展大势不可逆转，任何国家只有顺势而为才能更好地发展。如俄罗斯总统普京曾在接受美国全国广播公司记者专访时说，俄罗斯和中国已经建立起全面战略协作伙伴关系，双方在政治、经济、科技等各个领域都保

[1] 《中共带领国家取得伟大成就，彰显社会主义制度优越性——访俄联邦共产党中央委员会主席久加诺夫》，新华网 2021 年 6 月 15 日。

[2] 参见《全球连线｜遏制中国 必遭失败——塞浦路斯前总统瓦西利乌谈中共建党百年》，新华网 2021 年 6 月 16 日。

持高水平互信与合作。俄罗斯对俄中两国关系达到新的高度感到满意并予以珍视，俄罗斯不认为中国是威胁，也不会被纳入美国为首的西方国家对华关系的布局中。中国是经济和人口大国，正在快速发展，每个人都可以看到这一点，不必回避或者害怕，重要的是如何处理与中国的关系。[1]这些都彰显出和平发展合作的趋势。要教育引导学生，真正懂得习近平总书记所说的："任何单边主义、保护主义、极端利己主义，都是根本行不通的！任何讹诈、封锁、极限施压的方式，都是根本行不通的！任何我行我素、唯我独尊的行径，任何搞霸权、霸道、霸凌的行径，都是根本行不通的！不仅根本行不通，最终必然是死路一条！"[2]"中国共产党将继续同一切爱好和平的国家和人民一道，弘扬和平、发展、公平、正义、民主、自由的全人类共同价值，坚持合作、不搞对抗，坚持开放、不搞封闭，坚持互利共赢、不搞零和博弈，反对霸权主义和强权政治，推动历史车轮向着光明的目标前进！"[3]教育引导学生自觉地做时代潮流的推进者。

第三，要教育引导学生把握构建人类命运共同体。大道之行，天下为公。人类生活在一个紧密相连、命运与共的地球村，同舟共济、携手应对，和平发展、合作共赢是人间正道。构建人类命运共

[1] 《普京：俄罗斯不会被纳入西方对华关系布局中》，新华网2021年6月16日。

[2] 习近平：《在纪念中国人民志愿军抗美援朝出国作战70周年大会上的讲话》，新华网2020年10月23日。

[3] 习近平：《在庆祝中国共产党成立100周年大会上的讲话》，《人民日报》2021年7月2日。

同体是中国共产党人的顺势而为，是中国共产党为共产主义、中国人民和人类进步事业而奋斗的应有之义。习近平总书记指出："我们生活的世界充满希望，也充满挑战。我们不能因现实复杂而放弃梦想，不能因理想遥远而放弃追求。没有哪个国家能够独自应对人类面临的各种挑战，也没有哪个国家能够退回到自我封闭的孤岛。""我们呼吁，各国人民同心协力，构建人类命运共同体，建设持久和平、普遍安全、共同繁荣、开放包容、清洁美丽的世界。"[1]因此，世界各国要相互尊重、平等协商，坚决摒弃冷战思维和强权政治，走对话而不对抗、结伴而不结盟的国与国交往新路。要坚持以对话解决争端、以协商化解分歧，统筹应对传统和非传统安全威胁，反对一切形式的恐怖主义。要同舟共济，促进贸易和投资自由化便利化，推动经济全球化朝着更加开放、包容、普惠、平衡、共赢的方向发展。要尊重世界文明多样性，以文明交流超越文明隔阂、文明互鉴超越文明冲突、文明共存超越文明优越。要坚持环境友好，合作应对气候变化，保护好人类赖以生存的地球家园。构建人类命运共同体得到了国际社会的广泛赞同。2017 年 2 月，构建人类命运共同体首次被写入联合国决议。俄罗斯联邦共产党中央委员会主席久加诺夫说，中国提出的人类命运共同体理念在国际社会得到广泛认同。通过共建"一带一路"，中国和世界上许多国家之间的联系正在加深，这

[1] 习近平：《决胜全面建成小康社会 夺取新时代中国特色社会主义伟大胜利——在中国共产党第十九次全国代表大会上的报告》，《人民日报》2017 年 10 月 28 日。

些国家的经济发展也得到了促进。[1]要教育引导学生树立全球视野，培育“美美与共”“天下大同”的博大胸怀，为构建人类命运共同体作出应有的贡献。

第四，要教育引导学生把握我国的外交政策。我国奉行高举和平、发展、合作、共赢的旗帜，恪守维护世界和平、促进共同发展的外交政策宗旨，坚定不移在和平共处五项原则基础上发展同各国的友好合作，推动建设相互尊重、公平正义、合作共赢的新型国际关系。坚定奉行独立自主的和平外交政策，尊重各国人民自主选择发展道路的权利，维护国际公平正义，反对把自己的意志强加于人，反对干涉别国内政，反对以强凌弱。决不会以牺牲别国利益为代价来发展自己，也决不放弃自己的正当权益，任何人不要幻想让中国吞下损害自身利益的苦果。奉行防御性的国防政策。发展不对任何国家构成威胁。无论发展到什么程度，永远不称霸，永远不搞扩张。积极发展全球伙伴关系，扩大同各国的利益交汇点，推进大国协调和合作，构建总体稳定、均衡发展的大国关系框架，按照亲诚惠容理念和与邻为善、以邻为伴周边外交方针深化同周边国家关系，秉持正确义利观和真实亲诚理念加强同发展中国家的团结合作。加强同各国政党和政治组织的交流合作，推进人大、政协、军队、地方、人民团体等的对外交往。坚持对外开放的基本国策，坚持打开国门搞建设，积极促进“一带一路”国际合作，努力实现政策沟通、设

[1] 《中共带领国家取得伟大成就，彰显社会主义制度优越性——访俄联邦共产党中央委员会主席久加诺夫》，新华网 2021 年 6 月 15 日。

施联通、贸易畅通、资金融通、民心相通，打造国际合作新平台，增添共同发展新动力。加大对发展中国家特别是最不发达国家的援助力度，促进缩小南北发展差距。支持多边贸易体制，促进自由贸易区建设，推动建设开放型世界经济。秉持共商共建共享的全球治理观，倡导国际关系民主化，坚持国家不分大小、强弱、贫富一律平等，支持联合国发挥积极作用，支持扩大发展中国家在国际事务中的代表性和发言权。发挥负责任的大国作用，积极参与全球治理体系改革和建设，不断贡献中国智慧和力量。这些政策得到了国际社会的广泛赞同。比如，捷克和摩拉维亚共产党（捷摩共）主席、捷克众议院第一副议长沃伊捷赫·菲利普说，中共领导中国积极参与国际事务，推动国际社会共同进步，为维护世界和平、推动世界多极化发展贡献了重要力量。中国提出的“一带一路”倡议，为沿线国家带来新的机遇，促进相关国家间的经济联系。中国与中东欧国家合作，这一合作机制非常重要，有利于推动双方贸易，并促进双方在技术、科研等领域的交流合作。相信在中共领导下，中国将继续有力推动世界共同发展。[1] 泰国为泰党主席顾问、外事工作委员会主席纳丽妮·塔威信指出，中国已成为世界经济增长的主要动力，东盟可为中国提供巨大市场，双方合作潜力巨大。“‘一带一路’将进一步促进中国与东盟在基础设施建设、互联互通等方面全方位

[1] 参见《全球连线｜“中国奇迹”充分说明中国特色社会主义是一条成功之路——访捷克和摩拉维亚共产党主席沃伊捷赫·菲利普》，新华网 2021 年 6 月 18 日。

合作，为地区和全球带来繁荣。”[1] 法国团结与进步党主席雅克·舍米纳德指出，在中国共产党的领导下，中国的发展将让全人类获益，西方不应当惧怕中国的发展。[2] 要教育引导学生熟知我国的外交政策，自觉地维护国家利益，做世界和平发展的维护者、建设者、贡献者。

[1] 《专访："中国共产党历经百年奋斗，成就斐然"——访泰国为泰党外事工作委员会主席纳丽妮·塔威信》，新华网 2021 年 6 月 12 日。

[2] 《全球连线｜中国发展利世界 西方恐惧没来由——访法国团结与进步党主席》，新华网 2021 年 5 月 24 日。

九 大思政要跟历史文化相结合

历史是最好的教科书，也是最好的大思政课。习近平总书记指出："坚持把马克思主义基本原理同中国具体实际相结合、同中华优秀传统文化相结合"[1]。讲好大思政课，要史论结合，结合好历史文化和新时代中国特色社会主义伟大成就，从历史文化中汲取营养，从新时代中国特色社会主义伟大成就中获得力量，形成大历史观，弄清楚中国共产党为什么能、马克思主义为什么行和中国特色社会主义为什么好三个基本问题，学史明理、学史增信、学史崇德、学史力行，永葆初心，永担使命。

（一）要结合历史文化成就

历史是最生动、最有说服力的大思政课。文化是最有营养的大思政课。实践最有说服力。讲好大思政课，必须结合历史文化成就。

第一，要结合中华文明史。这是大思政的血脉。中华民族历史

[1] 习近平：《在庆祝中国共产党成立 100 周年大会上的讲话》，《人民日报》2021 年 7 月 2 日。

悠久，文化灿烂，有百万年人类史、1万年文化史、5000多年文明史，是东方人类之乡。50万年前北京猿人发明了人工用火术，1万年前开始种植粟、水稻，发明发现乐器、独木舟、水利设施、天文现象，培育农作物，驯化野生动物，寻医问药，观天文察地理，制造工具，创立文字，建设村落，营造都市，建构和治理国家，创造和发展文化艺术，古代农业技术、“四大发明”以及漆器、丝绸、瓷器、生铁和制钢技术、郡县制、科举制等在世界文明史上具有鲜明的独创性，伏羲画卦，周公制礼，儒家文化、道家文化、墨家文化、法家文化等中华文化璀璨夺目，中华民族和中华文明多元一体、家国一体等，这些都是上好大思政课的基础。可以说，不懂得中华文明，就讲不好学不好大思政。比如，《二程文集》讲：“心一也，有指体而言者，有指用而言者，惟观其所见何如耳。”[1]也就是说，心有本体的意思。如果我们不了解这一点，也就不能真正理解习近平总书记“以人民为中心”的发展思想。这就要求思政课教师，教育培养学生的历史视野，增强民族自豪感和自信心，增强中华民族大家庭意识，自觉地为实现中华民族的伟大复兴而奋斗。

第二，要结合近代斗争史。这是大思政的近缘。中国历史自伏羲、神农、有巢、燧人，经黄帝、夏商周的民族融合，到秦朝建立郡县制，实现了高度统一。此后至清末2000多年，尽管有分分合合，有东西方文化交流，但中国始终是一个独立的国家。葡萄牙人

[1] ［宋］朱熹、吕祖谦撰，查洪德注译：《近思录》，中州古籍出版社2018年版，第20—21页。

于明朝武宗正德十一年（1516年）来到广东，并于1553年取得澳门居住权。从1840年鸦片战争爆发以来，列强凭借坚船利炮，迫使清政府签订了《南京条约》《虎门条约》《望厦条约》《黄埔条约》《马关条约》《辛丑条约》等一系列不平等条约，割地赔款，中国逐渐沦为半殖民地半封建社会。为了中华民族的独立和解放，1851年爆发了农民阶级的太平天国运动，19世纪60年代至90年代兴起了引进西方军事装备、机器科技的洋务运动，1898年6月光绪皇帝领导进行了103天的戊戌变法，1911年10月10日爆发了资产阶级领导的结束封建专制、建立民主共和的辛亥革命，但都没有最终改变中国的前途命运。路在何方？中华民族在艰辛地探索着。1915年9月，陈独秀在上海创办《青年杂志》，发起新文化运动。十月革命一声炮响，给中国送来了马克思主义。中华民族看到了光明和希望。1919年爆发五四运动，促进了马克思主义与中国工人运动相结合。1920年中国创立了共产党早期组织。1921年7月23日至8月初，中国共产党第一次全国代表大会先后在上海和浙江嘉兴南湖召开，中国共产党正式成立。在党的领导下，建立了新中国，恢复和发展了国民经济，建立了社会主义制度，开辟了中国特色社会主义道路，收回了香港和澳门，进行新时代建设，中华民族迎来了从站起来到富起来再到强起来的伟大飞跃。我们有丰富的经验教训，是上好大思政课的历史宝库。要用好中国近代史纲要这门课，搞好课程思政，教育引导学生真正懂得坚持中国共产党领导，选择马克思主义，走社会主义和中国特色社会主义道路的历史必然性，吸取落后就要挨打的历史教训，坚定“四个自信”，坚定不移地为中华民族的伟大复兴而奋斗。

第三，要结合“四史”，即结合党史、新中国史、改革开放史、社会主义发展史。“四史”各有侧重，但又紧密联系，是一个不可分割的有机整体。“四史”是大思政的基本内容，也是当前大思政教育的重点任务。要认真贯彻落实习近平总书记关于开展“四史”学习教育的重要论述精神，按照《关于在全社会开展党史、新中国史、改革开放史、社会主义发展史宣传教育的通知》《关于在全国高校师生中开展党史、新中国史、改革开放史、社会主义发展史学习教育及新冠肺炎疫情防控知识竞答讲述活动的通知》的要求，加强组织领导，丰富活动载体，用好网络平台，开展专题教育教学，组织读书学史、基层宣讲、学习体验、致敬革命先烈、学习先进模范、红色家风传承、全民国防教育、群众性文化等活动，以学习宣传贯彻习近平新时代中国特色社会主义思想为主线，深入学习领会习近平总书记关于党史、新中国史、改革开放史、社会主义发展史的重要论述，特别是在党史学习教育动员大会、庆祝中国共产党成立100周年大会上的重要讲话精神，认真阅读《论中国共产党历史》、《毛泽东 邓小平 江泽民 胡锦涛关于中国共产党历史论述摘编》、《习近平新时代中国特色社会主义思想学习问答》、《中国共产党简史》、《中国共产党创立之路》、《中国共产党历史》（第一卷和第二卷）、《中国共产党的九十年》、《中华人民共和国简史（1949—2019）》、《新中国70年》等著作，及时跟进学、前后贯通学、联系实际学，了解重大事件、重要会议、重要文件、重要人物等历史事实，理清党领导人民进行艰苦卓绝的斗争历程、中国近代以来的斗争、党成立以来的奋斗、新中国成立以来以及改革开放以来的发展等历史脉络，准确把握党史、新中国史、改革开放史、社会主义发展史的主题主线、主流本质，旗帜鲜明反对历史虚无主义，树立正确的国家观、历史观、民族观、文化观、宗教观，把握历史规律，深刻认识中国共产党为国家和民族作出的伟大贡献，深刻感悟中国共产党始终不渝为人民的初心宗旨，深刻认识红色政权来之不易、新中国来之不易、中国特色社会主义来之不易、党领导人民取得抗疫斗争重大战略成果来之不易，深刻把握党的历史发展主题和主线、主流和本质，真正读懂党、读懂新中国、读懂改革开放、读懂社会主义，深刻理解中国共产党为什么能、马克思主义为什么行、中国特色社会主义为什么好，感悟马克思主义的真理力量，懂得中国特色社会主义的制度优势，增强对伟大祖国、中华民族、中华文化、中国共产党、中国特色社会主义的认同，传承中国共产党在长期奋斗中铸就的伟大建党精神以及井冈山精神、长征精神、遵义会议精神、延安精神、西柏坡精神、红岩精神、抗美援朝精神、“两弹一星”精神、特区精神、抗洪精神、抗震救灾精神、抗疫精神等伟大精神，激发爱党爱国爱社会主义的巨大热情，不忘历史、不忘初心，知史爱党、知史爱国，坚定“四个自信”，坚定不移听党话、跟党走，在全面建设社会主义现代化国家伟大实践中建功立业。

第四，要结合新时代中国特色社会主义伟大成就。进入新时代，以习近平同志为核心的党中央，面对党面临的重大风险考验和党内存在的突出问题，面对世界经济复苏乏力、局部冲突和动荡频发、全球性问题加剧的外部环境，面对我国经济发展进入新常态等一系列深刻变化，把马克思主义基本原理与新时代中国实际相结合，创立了习近平新时代中国特色社会主义思想，以巨大的政治勇气和强烈的责任担当，从八项规定起步，以全面从严治党的自我革命推动社会革命，坚持稳中求进工作总基调，统筹推进“五位一体”总体布局，协调推进“四个全面”战略布局，坚持和完善中国特色社会主义制度、推进国家治理体系和治理能力现代化，迎难而上，开拓进取，提出一系列新理念新思想新战略，出台一系列重大方针政策，推出一系列重大举措，推进一系列重大工作，经济建设取得重大成就，脱贫攻坚战取得全面胜利，全面深化改革取得重大突破，民主法治建设迈出重大步伐，思想文化建设取得重大进展，人民生活不断改善，疫情防控取得重大战略成果，生态文明建设成效显著，全面建成了小康社会，强军兴军开创新局面，港澳台工作取得新进展，全方位外交布局深入展开，全面从严治党成效卓著，解决了许多长期想解决而没有解决的难题，办成了许多过去想办而没有办成的大事，推动党和国家事业发生了历史性变革。黑山总统久卡诺维奇说，在习近平主席坚强领导下，中国发展取得伟大成就，相信在中国共产党领导下中国必将取得新的更大成就。[1] 要把新时代中国特色社会主义伟大成就、发生的历史性变革讲明白，教育引导学生深刻领

[1] 《习近平同黑山总统久卡诺维奇通电话》，人民网 2021 年 5 月 27 日。

悟当代中国马克思主义理论和新一代领导集体卓越的领导本领，深刻领会“两个确立”的决定性意义，增强“四个意识”，坚定“四个自信”，做到“两个维护”。

（二）弄清楚中国共产党为什么能

中国共产党能，是由中国共产党百年历史证明了的，也将由中国共产党的历史继续证明。正如中国—东南欧洲商会主席马里奥·兰都里奇说：“中国共产党带领着中国人民在这片古老的土地上实现了重大而深刻的变化，创造了史无前例的辉煌成就。”“目前，世界上没有任何一个国家能够像中国一样，在经济、基础设施建设等多个领域取得如此快速的发展成果。”[1]但中国共产党为什么能，却需要在理论上讲清楚。我们党带领人民夺取了革命、建设、改革一个又一个伟大胜利，中华民族伟大复兴展现出前所未有的光明前景。取得这样的成就靠什么？靠的就是党坚强有力，靠的就是党紧紧依靠人民，靠的就是党有科学理论指导、有坚定理想信念、有严密组织体系、有铁的纪律，而这些又都同党内政治生活密切相关。这里的“三个靠”，精辟地阐释了中国共产党为什么能的问题。

第一，靠的是党坚强有力。这使得我们党具有坚持党的集中统一领导的强大优势。一是坚持的优势。行百里者半九十。任何事物都是一个从量变到质变的过程，没有坚持，往往是不能获得成功的。中国共产党是为共产主义伟大目标奋斗的党。这赋予了我们党坚持

[1] 《百年大党，开放、包容、自信（百名外国政党政要看中共）》，人民网 2021 年 5 月 7 日。

的优势。这种优势，可以使我们为社会主义现代化强国持续奋斗百年，为共产主义奋斗终身，为共产主义一代代接续奋斗，从而具有强大定力，不达目的，誓不罢休。二是集中的优势。伸开五个指头按跳蚤，往往是难以获得成功的。攥紧拳头，才有力量。党的集中的优势，源自于党的民主集中制制度，源自于党同人民群众的血肉联系，这使得我们党可以集中全国 9500 多万党员的智慧，集中全国 14 亿多人民的智慧，从而形成当今世界无与伦比的优势。三是统一的优势。各自为政，相互内耗，从来干不成大事。我们党有统一的纲领和章程，有共同的奋斗目标，有全心全意为人民服务的共同宗旨，有统一的政治原则，有统一的指导思想，有统一的组织，有统一的纪律规定，这些得我们党能够实现党内的高度统一，并运用这种党内的统一实现对国家的统一领导，从而形成强大的统一优势。四是领导的优势。这是坚持党的集中统一领导优势的集中体现。这种优势源自于我们党有马克思主义这种科学的先进的世界观和方法论，源自于我们党没有自身的私利，源自于我们党代表和实现的是人民群众的根本利益、能够得到人民群众的真心拥护和支持，这使得我们党的领导具有科学决策、顺利实施的强大优势。这些优势是中国共产党为什么能的根本保证。

第二，靠的是党紧紧依靠人民。这使得我们党具有人民的强大优势。人民是历史的创造者，是社会变革的决定力量。我们党代表和实现的是中国最广大人民的根本利益，全心全意为人民服务是党的根本宗旨。亚美尼亚政治经济战略研究中心主任本雅明·波戈相说："中国共产党始终把让中国民众过上幸福生活当做自己的最高使命。正是这种以人为本的执政理念，让中国共产党保持了蓬勃生机。"[1] 为了人民、依靠人民，拥有人民群众的真心拥护和支持，就拥有了创造物质财富、精神财富和社会变革的强大动力。淮海战役的胜利是人民群众用手推车推出来的。渡江战役的胜利是靠老百姓用小船划出来的。坚持人民当家作主，确保人民的主体地位，可以保障和增强人民创造历史的自主性、能动性和创造性，我国 14 亿多人的自主性、能动性和创造性是一种巨大的创造力量。发展人民民主，让人民充分表达自己的意见和建议，让人民的思想观念充分碰撞，不仅可以统一人民的思想，而且可以使我们更加接近客观真理，更好地集中全体人民的智慧，从而把人民的潜在能量转化为实现中华民族伟大复兴的强大动力。密切联系群众，同群众有福同享、有难同当，有盐同咸、无盐同淡，不断凝聚和运用人民群众的智慧，紧紧依靠人民推动国家发展，是中国共产党植根于党性的天然优势，是其他阶级政党难以模仿的独特优势，是我们党赢得革命、建设、改革胜利的法宝。这些是中国共产党为什么能的根本动力。

第三，靠的是党有科学理论指导、有坚定理想信念、有严密组织体系、有铁的纪律。这使得我们党有强大的理论优势、信仰优势、组织优势、纪律优势。

党的科学理论，即马克思列宁主义、毛泽东思想、邓小平理论、

[1] 《百年大党，开放、包容、自信（百名外国政党政要看中共）》，人民网 2021 年 5 月 7 日。

“三个代表”重要思想、科学发展观、习近平新时代中国特色社会主义思想，是党的指导思想和行动指南，为党的领导注入了三大优势。一是方向优势。领导首先是方向领导。盲人骑瞎马，没有方向的领导是注定会失败的。党的科学理论，揭示了共产党执政规律、社会主义建设规律、人类社会发展规律，并以规律的预见性为共产党的领导指明了方向，这就是共产主义、社会主义和服务人民的方向，从而使我们党的领导成为有明确方向的领导。二是世界观方法论优势。领导是在化解矛盾、解决问题中不断前进的。没有科学的世界观和正确的方法论，就不可能有效解决矛盾和问题，实现正确的领导。党的科学理论，特别是其中的辩证唯物主义和历史唯物主义理论，为我们提供了唯物主义的世界观和方法论，如实事求是、群众路线，从而使我们党的领导成为有科学的世界观方法论的领导。三是立场优势。领导是站在一定立场上实现的。没有正确的立场，就不可能实现正确的领导。党的科学理论，明确了世界的物质统一性、人民群众是历史的创造者等基本原理，明确了党同人民群众的血肉联系，从而使我们党的领导成为坚持以人民为中心的领导，获得了人民支持的强大优势。

理想信念，即对马克思主义的信仰，共产主义远大理想，中国特色社会主义共同理想，也包括对实现中华民族伟大复兴的中国梦的信心。理想信念，是漫漫长夜中前行的灯塔，是一种能够超越物质力量的强大精神力量。“砍头不要紧，只要主义真。杀了夏明翰，还有后来人！”1928 年 3 月 20 日，共产党员夏明翰这首气壮山河的就义诗，彰显出了信念的力量。坚定的理想信念，为我们党指明了方向，提供了强大动力，使我们党能够不畏浮云遮望眼，在挫折中奋起，在苦难中创造辉煌，在乱云飞渡中坚定前行。

严密组织体系，我们党是按照民主集中制原则，由党的中央组织、地方组织和基层组织构成的有机整体。如据党内统计，截至2021年6月5日，中国共产党党员总数为9514.8万名。党的各级地方委员会3199个，其中，省（区、市）委31个，市（州）委397个，县（市、区、旗）委2771个。基层组织486.4万个，其中，基层党委27.3万个，总支部31.4万个，支部427.7万个。城市街道、乡镇、社区（居委会）、行政村党组织的覆盖率均超过99.9%，机关、事业单位、企业和社会组织党组织基本实现了应建尽建。[1]我们坚持东西南北中，党是领导一切的，以及“支部建在连上”和“一切工作到支部”，这使得我们党像一颗根系发达的参天大树，获得了世界上其他政党都难以拥有的组织优势和强大的社会组织力。

铁的纪律，即我们党是有严密组织纪律的党。这个纪律包括政治纪律、组织纪律、廉洁纪律、群众纪律、工作纪律、生活纪律。我们建有党的中央纪律检查委员会、地方各级纪律检查委员会和基层纪律检查委员会的纪律检查机关。党章要求，党组织必须严格执行和维护党的纪律，共产党员必须自觉接受党的纪律的约束。党员入党时就必须作出“严守党的纪律”的庄严承诺。违反党的纪律的党组织，进行改组或者解散；违反党的纪律的党员，轻则警告，重

[1] 中共中央组织部:《中国共产党党内统计公报》,《人民日报》2021年7月1日。

则严重警告、撤销党内职务、留党察看、开除党籍。这种铁的纪律，使我们党获得了团结统一的强大优势和力量。

除了以上的“三个靠”，讲好学好中国共产党为什么能时还要注意以下几个方面。一是中国共产党的自我革命。这就是坚持党要管党、全面从严治党，以加强党的长期执政能力建设、先进性和纯洁性建设为主线，以党的政治建设为统领，全面推进党的各项建设，深入推进反腐败斗争，自我净化、自我完善、自我革新、自我提高，永葆党的生机和活力，并以党的自我革命推进社会革命。二是初心使命。我们党的初心使命是为中国人民谋幸福、为中华民族谋复兴。这是中国共产党不断前进的根本动力。在这种初心使命的作用下，中国共产党以永不懈怠的精神状态和一往无前的奋斗姿态，进行革命建设改革，勇于变革、勇于创新，永不僵化、永不停滞，向着人民的美好生活和中华民族伟大复兴的宏伟目标不断前进。三是中国共产党的基因密码。中国共产党是马克思主义与中国工人运动相结合的产物。马克思主义是中国共产党的灵魂，决定了中国共产党的立场、观点、方法，指明了社会主义共产主义的目标方向。工人阶级是中国共产党的阶级基础，决定了中国共产党的无私性、组织性、纪律性以及广泛的代表性，为中国共产党提供了行动的力量。

（三）弄清楚马克思主义为什么行

中国共产党为什么能，中国特色社会主义为什么好，归根到底是因为马克思主义行。

马克思主义行，这是马克思主义从理论到实践、从一国实践到多国实践、从模式到特色的实践证明了的，也是由中国共产党百年来的历史证明了的。但马克思主义为什么行，也需要在理论上讲清楚。对此，习近平总书记在纪念马克思诞辰200周年大会上指出："马克思主义是科学的理论，创造性地揭示了人类社会发展规律。""马克思主义是人民的理论，第一次创立了人民实现自身解放的思想体系。""马克思主义是实践的理论，指引着人民改造世界的行动。""马克思主义是不断发展的开放的理论，始终站在时代前沿。"[1]这是对马克思主义理论品格的阐述，也是对马克思主义为什么行的阐释。讲好学好马克思主义为什么行的问题，要重点学懂弄通习近平总书记这些重要论述。

第一，马克思主义是科学的理论，创造性地揭示了人类社会发展规律，这是马克思主义为什么行的内在根据。马克思主义为什么行，在于马克思主义的科学性。在马克思主义之前，有许多社会主义学说，如莫尔的《乌托邦》，康帕内拉的《太阳城》，摩莱里的《巴齐里阿达》和《自然法典》，马布利的《马布利选集》，圣西门的《论实业制度》《新基督教》，傅立叶的《全世界和谐》《新世界》，欧文的《新社会观》《人类思想和实践中的革命》等，他们揭露和批判了资本主义的罪恶，提出了未来社会的天才设想，如废除生产资料私有制、按需分配、有计划组织生产等，欧文还进行了"新和谐公社"试验，但由于没有发现资本主义社会的本质和规律、未能找

[1] 习近平：《在纪念马克思诞辰200周年大会上的讲话》，《人民日报》2018年5月5日。

到实现新社会的力量等，最终都陷于空想和失败。马克思主义之所以能够超越这些思想，不仅因为继承了它们的优秀成果，更重要是因为创立了唯物史观和剩余价值学说，揭示了人类社会发展的一般规律，揭示了资本主义运行的特殊规律。换句话说，马克思主义行，是规律行，是科学行。中国的马克思主义为什么行，是因为中国在坚持马克思主义基础上，揭示和把握了中国革命、建设、改革的规律。习近平新时代中国特色社会主义思想为什么行，是因为其坚持解放思想、实事求是、与时俱进、求真务实，坚持辩证唯物主义和历史唯物主义，紧密结合新的时代条件和实践要求，以全新的视野深化了对共产党执政规律、社会主义建设规律、人类社会发展规律的认识。

第二，马克思主义是人民的理论，第一次创立了人民实现自身解放的思想体系。这是马克思主义为什么行的力量源泉。马克思主义为什么行，在于马克思主义的人民性。在阶级社会，政治理论具有阶级性。在马克思主义之前，社会上占统治地位的理论都是为统治阶级服务的，例如亚当·斯密、大卫·李嘉图的古典政治经济学，法国的让·巴蒂斯特·萨伊、克洛德·佛雷德里克·巴斯夏以及英国的托马斯·罗伯特·马尔萨斯、约翰·斯图亚特·穆勒的庸俗政治经济，都是为资产阶级的利益服务。马克思主义第一次站在人民的立场探求人类自由解放的道路，公开声明是为无产阶级和广大人民利益服务的。在这个意义上说，马克思主义因人民而行。江山就是人民，人民就是江山。马克思主义代表和实现的是人民的根本利益，因人民的实践而行。习近平新时代中国特色社会主义思想为什么行，是因为其坚持以人民为中心，坚持人民主体地位，坚持立党为公、执政为民，坚持人民至上、生命至上，践行全心全意为人民服务的根本宗旨，把党的群众路线贯彻到治国理政全部活动之中，把人民对美好生活的向往作为奋斗目标，依靠人民创造历史伟业，依靠人民把当代中国的马克思主义变成现实。

第三，马克思主义是实践着的理论，指引着人民改造世界的行动。这是马克思主义为什么行的根本途径。马克思主义为什么行，在于马克思主义的实践性。关于实践，一些哲学家也对其进行过解释，比如，黑格尔把它看成一种抽象的精神活动，费尔巴哈把它看作饮食起居之类的生活琐事，只有马克思主义对实践作出了科学的解释。马克思指出，全部社会生活在本质上是实践的。实践是人们有目的、能动地改造世界的社会性的客观物质活动。哲学家们只是用不同的方式解释世界，问题在于改变世界。实践性是马克思主义理论区别于其他理论的显著特征。这种实践性，开辟了马克思主义转变为现实的道路和途径，提供了马克思主义行的方向、目的、动力和标准，可以说马克思主义因实践而行。马克思主义坚持理论与实践相结合，把马克思主义运用到中国革命的具体实践中，转化为改造中国社会的具体行动，并在实践中检验丰富和发展马克思主义。习近平新时代中国特色社会主义思想为什么行，是因为其坚持“干”字当头，学习学习再学习，实践实践再实践，抓铁有痕，踏石留印，开启全面建设社会主义现代化国家新征程，努力实现中华民族伟大复兴的中国梦。

第四，马克思主义是不断发展的开放的理论，始终站在时代前沿。这是马克思主义为什么行的生命力。马克思主义为什么行，在于马克思主义的发展开放性。马克思主义是在批评地继承德国古典哲学、英国古典政治经济学、英法空想社会主义以及人类社会一切优秀文明成果的基础上产生的。马克思主义诞生一百多年来，总是有人说马克思主义“过时”了，但马克思主义不仅存在着，而且依然熠熠生辉，发挥着任何理论都无法比拟的作用，究其原因在于马克思主义的发展开放性。恩格斯说，我们的理论是发展着的理论，而不是必须背得烂熟并机械地加以重复的教条。如《共产党宣言》1848 年 2 月出版后，先后增加了 7 篇序言，1972 年德文版序言指出：“某些地方可以作一些修改”，“如果是在今天，这一段在许多方面都会有不同的写法了”，“这个纲领现在有些地方已经过时了”[1]。此后的每篇序言都增加了新的内容、提出了新的要求，彰显出了马克思主义的发展开放性。正如习近平总书记所说：“一部马克思主义发展史就是马克思、恩格斯以及他们的后继者们不断根据时代、实践、认识发展而发展的历史，是不断吸收人类历史上一切优秀思想文化成果丰富自己的历史。”[2] 也就是说，向实践开放、在实践中发展，向其他优秀成果开放、在吸收其他文明成果中前进，向时代开放、与时

[1] 《共产党宣言》，人民出版社 2018 年版，第 3、4 页。

[2] 习近平：《在纪念马克思诞辰 200 周年大会上的讲话》，《人民日报》2018 年 5 月 5 日。

俱进。这就是马克思主义为什么一直行，永葆美妙青春的奥秘。马克思主义在中国为什么行，是因为我们坚持马克思主义与中国实际和时代特征相结合，创立毛泽东思想和中国特色社会主义理论体系，用中国化时代化的马克思主义化解中国革命、建设、改革中的问题。习近平新时代中国特色社会主义思想为什么行，在于其把马克思主义与新时代的实际相结合，不断认识规律，不断推进理论创新、实践创新、制度创新、文化创新以及其他各方面创新，使理论跟上了新时代。

（四）弄清楚中国特色社会主义为什么好

中国特色社会主义好，是改革开放 40 多年的实践证明了的。英国剑桥大学前高级研究员马丁·雅克说："中国特色社会主义理论体系是紧密结合中国实际情况、适合自身特点的马克思主义。""在中国共产党的带领下，中国在促进社会繁荣、增进人民福祉、提高教育水平、创造发展机遇等方面不断开拓新的可能性，并且取得了成功。"[1]

但中国特色社会主义为什么好，还需要在理论上讲清楚。对此，习近平总书记指出："中国特色社会主义，是科学社会主义理论逻辑和中国社会发展历史逻辑的辩证统一，是根植于中国大地、反映中国人民意愿、适应中国和时代发展进步要求的科学社会主义，是全面建成小康社会、加快推进社会主义现代化、实现中华民族伟大

[1] 《百年大党，开放、包容、自信（百名外国政党政要看中共）》，人民网 2021 年 5 月 7 日。

复兴的必由之路。”[1] 这为我们正确地讲清楚这个问题明确了思路和方向。

第一，中国特色社会主义是社会主义。这是中国特色社会主义为什么好的根本。关于这个问题，国内外有些疑问，有人说是“资本社会主义”，还有人干脆说是“国家资本主义”“新官僚资本主义”。这些都是完全错误的。中国特色社会主义是社会主义，不是别的什么主义，是因为中国特色社会主义坚持了科学社会主义基本原则，如马克思主义的指导地位，共产党的领导，人民当家作主，公有制的主体地位，等等。这样，中国特色社会主义走的是人间正道，符合人类社会发展的趋势和规律。同时，由于是社会主义，从根本上解决了生产力与生产关系、经济基础与上层建筑之间的矛盾，促进了生产力的发展和社会的发展进步。可以说，中国特色社会主义之好，是社会主义之好。

第二，中国特色社会主义具有鲜明的中国特色。这是中国特色社会主义为什么好的根基。中国特色社会主义是马克思主义与中国实际和时代特征相结合的产物，是科学社会主义理论逻辑和中国社会发展历史逻辑的辩证统一。中国特色社会主义是在旧中国半殖民地半封建社会和生产力不发达的基础上，经过新民主主义革命、社会主义革命和建设、改革开放和社会主义现代化建设发展起来的，不同于马克思、恩格斯设想的在发达资本主义国家基础上进行革命、

[1] 习近平:《关于坚持和发展中国特色社会主义的几个问题》，人民网 2019 年 3 月 31 日。

经过过渡时期进入社会主义的情况。同时，中国特色社会主义根植于中国的历史文化，反映着中国人民的愿望和要求，适应中国历史文化发展和时代发展的需要，因而具有鲜明的中国特色。这主要表现在：实行公有制为主体多种所有制共同发展，不同于马克思、恩格斯设想的相对单一的公有制；实行按劳分配为主体的多种分配方式并存，不同于马克思、恩格斯设想的相对单一的按劳分配或者按需分配；实行计划和市场相结合的社会主义市场经济，不同于马克思、恩格斯设想的产品经济基础上的计划经济。此外，在政治体制方面，实行人民代表大会制度的根本政治制度，中国共产党领导的多党合作和政治协商制度、民族区域自治制度以及基层群众自治制度等基本政治制度，这些都具有鲜明的中国特色。正是这些特色，使社会主义适应了中国国情，使中国快速发展了起来，使中国特色社会主义成为发展的必由之路。

第三，中国特色社会主义具有制度优势。这是中国特色社会主义为什么好的标识。党的十九届四中全会将其概括为十三个方面的显著优势，即：坚持党的集中统一领导，坚持党的科学理论，保持政治稳定，确保国家始终沿着社会主义方向前进的显著优势；坚持人民当家作主，发展人民民主，密切联系群众，紧紧依靠人民推动国家发展的显著优势；坚持全面依法治国，建设社会主义法治国家，切实保障社会公平正义和人民权利的显著优势；坚持全国一盘棋，调动各方面积极性，集中力量办大事的显著优势；坚持各民族一律平等，铸牢中华民族共同体意识，实现共同团结奋斗、共同繁荣发展的显著优势；坚持公有制为主体、多种所有制经济共同发展和按劳分配为主体、多种分配方式并存，把社会主义制度和市场经济有机结合起来，不断解放和发展社会生产力的显著优势；坚持共同的理想信念、价值理念、道德观念，弘扬中华优秀传统文化、革命文化、社会主义先进文化，促进全体人民在思想上精神上紧紧团结在一起的显著优势；坚持以人民为中心的发展思想，不断保障和改善民生、增进人民福祉，走共同富裕道路的显著优势；坚持改革创新、与时俱进，善于自我完善、自我发展，使社会始终充满生机活力的显著优势；坚持德才兼备、选贤任能，聚天下英才而用之，培养造就更多更优秀人才的显著优势；坚持党指挥枪，确保人民军队绝对忠诚于党和人民，有力保障国家主权、安全、发展利益的显著优势；坚持“一国两制”，保持香港、澳门长期繁荣稳定，促进祖国和平统一的显著优势；坚持独立自主和对外开放相统一，积极参与全球治理，为构建人类命运共同体不断作出贡献的显著优势。这些优势包括三个层次：一是小优势，如法治优势中的全面依法治国；二是中优势，即十三个方面优势的每一个方面；三是大优势，即十三个方面的全部优势。它们相互区别又紧密联系，构成我国制度优势的有机整体，共同彰显出中国特色社会主义的制度优势。

十 推进大思政课改革创新

改革创新是大思政的活力源泉。习近平总书记指出，“推动思想政治理论课改革创新，不断增强思政课的思想性、理论性和亲和力、针对性”[1]。这就要求我们全面贯彻党的教育方针，弘扬改革创新精神，围绕解决好培养什么人、怎样培养人、为谁培养人这个根本问题，坚持“八个相统一”，破解“七大难题”，创新方式方法，增强思政课的思想性、理论性和亲和力、针对性，增强大思政课的成效。

（一）坚持“八个相统一”

坚持“八个相统一”，即坚持政治性和学理性相统一、坚持价值性和知识性相统一、坚持建设性和批判性相统一、坚持理论性和实践性相统一、坚持统一性和多样性相统一、坚持主导性和主体性相统一、坚持灌输性和启发性相统一、坚持显性教育和隐性教育相统一，体现着思想政治教育的经验和规律，是思想政治理论课改革创新的基本遵循。

---

[1] 习近平:《思政课是落实立德树人根本任务的关键课程》,《求是》2020 年第 17 期。

第一，坚持政治性和学理性相统一。这是思政课的内在要求，也是检验思政课改革的标准。思政课讲的是政治问题，政治性是其首要属性，政治引导是其基本功能。同时，思政课讲的是政治理论，是以理服人，学理性是其基本属性。这两种属性，既相互区别又紧密联系。政治性越强，越讲政治，越能把准理论的方向、立场和观点，越能把党的理论讲好；越讲理论，理论讲得越彻底，越能说服人，越能把党的政治讲好。从思政课教师存在的问题来看，有的自己都没有把政治搞明白，有的讲政治羞羞答答，有的马克思主义理论功底不深，有的对党的创新理论理解不透，有的用学理性弱化政治性等，致使讲政治与讲学理成了“两张皮”，讲政治成了简单的政治宣传、空喊口号，讲理论迷失了方向和立场。出现这些情况，有教材问题，有教师队伍的素质问题，更有队伍建设、教学评价、教学管理等体制机制问题。这就要求我们，深化改革，破除体制机制障碍，建立既讲政治又讲学理的思政教师队伍，建立政治与学理统一的教学管理体制，开展政治与学理统一的教学，培养既懂政治又懂理论的人才，实现二者的有机统一，并以政治与学理实际统一的状况，检验思政课改革的成效。

第二，坚持价值性和知识性相统一。这是思政课的内在要求，也是检验思政课改革成功与否的标准。思政课讲的是政治方面的基本知识，知识性是其内在属性。同时，这些知识有助于形成科学的世界观和方法论，正确地认识世界和改造世界，具有价值性。二者相互区别，又相互联系。知识是价值的基础，知识讲得越充分，知识性越强，知识越多，见识越广，越有价值性；价值性越大，知识性的体现就会越广泛，对知识的学习和追求的劲头就会越足。从教学中存在的问题来看，有的对知识讲得不准、不深、不透；有的只强调知识性，让学生死记硬背知识点，对知识的运用讲得不明，不注重学生价值观的引导；有的只有空洞的价值观说教，没有科学知识作支撑，价值观教育的效果不好等，致使思政课的知识性与价值性“脱节”，一些学生对思政知识只会死记硬背，有的把知识背得滚瓜烂熟，但分析现实问题时常常脱离理论的轨道。出现这些情况，有教师的问题，也有考试制度、晋升考核、体制机制等问题。这就要求我们，深化教育、教学和思政课改革，强化思政课的价值性教学环节，开展实践性教学，走进历史，走进火热的中国特色社会主义建设实践之中，使所学的知识活起来，实现价值性和知识性相统一，并以这种统一的状况，检验思政课改革创新的成效。

第三，坚持建设性和批判性相统一。这是思政课的功能要求，也是检验思政课改革的标准。思政课作为思想上层建筑，传播主流意识形态，服务政治上层建筑和社会经济基础，具有建设性，这是其根本属性。同时，马克思主义具有彻底的批判精神，是在同各种错误思潮的不断斗争中开辟前进道路的；以马克思主义为核心内容的思想政治课，自然必须直面各种错误观点和思潮，进行旗帜鲜明的剖析和批判，教育引导学生正确地认识现实问题，辨明大是大非、真假黑白，批判假恶丑，弘扬真善美，具有强烈的批判性。这两种性质既有所区别又相互联系，方法不同，任务不同，但目标一致，都是服务于受教育者、服务于社会，只不过一个是用建设的方法进行服务，另一个是用批判的方法进行服务。一般来说，思政课的建设性越强，越能进行有力的批判；批判性越强，越有利于排除思想认识障碍，更好地为建设扫清道路。从存在的问题来看，有的脱离马克思主义的立场、观点、方法来认识分析社会问题，有的对社会上错误的思潮和问题视而不见、噤若寒蝉，有的还不具备习近平总书记要求的不怕问、怕不问、见问则喜的真本领，对学生关注的、有疑惑的问题不善于进行科学的解答，等等。出现这些情况，有思政课教师的认识水平和能力问题，也有社会环境、体制机制问题。解决这些问题，发挥好思政课的建设和批评功能，必须深化改革，建立科学评判教师传播主流意识形态、分析评判社会问题的体制机制，把学术研究无禁区与宣传有纪律结合起来，实现思政课的建设性和批判性的良好统一，并以政治与学理实际统一的状况，检验思政课改革的成效。

第四，坚持理论性和实践性相统一。这是思政课的内在要求，也是检验思政课改革的标准。如前所述，思政课讲的就是思想理论问题，理论性是其内在属性。同时，马克思主义思想政治理论课服务于社会主义事业，具有实践性。二者是思政课既相互区别又紧密联系的两种属性，思政课理论性越强，理论讲得越到位、越彻底，服务于现实的实践性就会越强；实践性越强，越有助于实现理论的目的，也有助于在实践中应用、丰富和发展理论。从存在的问题来看，有的以其昏昏使人昭昭，自己没有把理论搞清楚，也没有把理论讲清楚、讲透彻；有的不重视实践，从宿舍到教室、从书本到头脑，实践性环节不足，还没有把思政小课堂同社会大课堂结合起来；等等。出现这些情况，有师资队伍不足的问题，有经费问题，也有社会与学校的沟通机制问题等。因此，要加强组织领导，深化思政课改革，在重视理论教学的同时，加强实践教学，使学生走出去，在社会的大课堂中使所学的知识活起来、运用起来，教育引导学生把人生抱负落实到脚踏实地的实际行动中来，实现思政课教学的理论性和实践性的统一，并以这种统一，检验思政课改革的效果。

第五，坚持统一性和多样性相统一。这是思政课的教学要求，也是检验思政课改革的标准。马克思主义揭示的社会发展本质和规律具有统一性，意识形态要求统一，作为思想上层建筑的思政课也应具有统一性，在教学目的、课程设置、教材使用、教学管理等方面有统一的要求；同时，马克思主义在不断发展，中国特色社会主义的内容不断丰富，对不同年龄阶段的认知水平会有差异，要求思政课因地制宜、因时制宜、因材施教，因而存在着多样性。可以说，思政课的统一是以多样性为基础的统一，多样是以统一性为前提的多样，二者存在着既相互区别又不可分割的联系。从目前的情况来看，我们在思政课的统一性方面做得是比较好的，但多样性方面还存在着一些不足。主要表现为，有的把思政教学搞得过于花哨，教学形式过多过滥，影响了理论的深入学习，影响了统一性；有的又过于呆板，缺乏多样性，教学方式单一，照本宣科，学生不爱听不爱学，教学效果较差。出现这些问题的原因是教材、教学管理方面出了问题。解决这些问题，要深化教材、教学管理改革，完善教学机制，既确保教学的规范性、科学性、权威性，又解放教师的思想，使其在教材给出的教学的基本结论和简要论述的基础上，丰富教学内容，创新教学方法，创新性地讲好每一堂思政课，以丰富的内容、具有特色的方式实现教学目标，并以统一性和多样性相统一的成效，检验思政课改革工作。

第六，坚持主导性和主体性相统一。这是思政课的教学要求，也是检验思政课改革的标准。思政课教学是教师与学生之间的相互作用、相互影响，完成教学任务，达到教学目的的过程。在这个过程中，一般来说，教师作为先生，处于主导地位，具有主导性；常言道，“师傅领进门，修行在个人”，学生虽然处于被动地位，却是教学的主体，具有主体性。这样，教师与学生的教学互动，教与学的过程，就表现为主导性和主体性的有机统一。教师的主导性发挥得越好，学生学习的积极性主动性创造性就会越高，主体性就会发挥得越充分，教学效果就会越好。从目前存在的问题来看，有的思政课教师教学积极性不高，还不善于发挥主导性，不善于对学生进行学习引导辅导，不善于运用小组研学、情景展示、课题研讨、课堂辩论等方式调动学生学习的主动性；有的学生对思政课学习的兴趣不高，还停留在应付考核层次；等等。出现这些情况，有社会方面的问题，也有教学管理、教师考核评价、职称评定、教学环境等方面的问题。因此，要在全社会全面深化改革的同时，深化思政课教学管理体制改革，营造良好的校园环境，以良好的机制环境促进主导性和主体性的发挥，实现二者的有机统一，提升思政课教与学的双重效果，并以此检验和改进思政课改革工作。

第七，坚持灌输性和启发性相统一。这是思政课的教学要求，也是检验思政课改革的标准。灌输是列宁提出的重要方法。谁也不是天生的马克思主义者，灌输是进行思政课教学的基本方法，灌输性是思政课具有的一种教学属性。但思政课的灌输不是简单的填鸭式的“硬灌输”，而是要与启发式教学相结合，通过具体事例，以讲解、提问等方式，引导学生发现问题、分析问题、思考问题，在不断启发中让学生水到渠成地得出正确的结论，也就是说，思政课教学也具有启发性。这两种属性，既相互区别又紧密联系，只有在必要灌输的基础上，才可能搞好启发式教学；只有进行启发式教学，才能更好地把握灌输理论的效果。从目前存在的问题来看，有的灌输性教学多、启发性教学少，还不善于运用讲故事的方式进行启发式教学。究其原因，有教学习惯问题，也有教学管理问题。这就要求深化思政课教学管理改革，创新教学思路方法，让教师在进行理论灌输的同时，讲好中华民族的故事、中国共产党的故事、中华人民共和国的故事、中国特色社会主义的故事、改革开放的故事，特别是要讲好新时代的故事，用故事启迪学生对理论知识的理解，实现思政课教学灌输性和启发性的统一，提升思政课的教学效果，并以此检验和改进思政课改革工作。

第八，坚持显性教育和隐性教育相统一。这是思政课的教育要求，也是检验思政课改革的标准。我国是以马克思主义为指导的社会主义国家，我国宪法明确规定了马克思列宁主义、毛泽东思想、邓小平理论、“三个代表”重要思想、科学发展观、习近平新时代中国特色社会主义思想的指导地位，作为其重要载体的思政课，理应成为公开开设的显性课程。同时，其他课程的教学中也蕴含着丰富的思想政治教育资源，这些资源对培养中国特色社会主义建设者和接班人也发挥着润物无声的作用，相对于思政课教育，这是一种隐性教育。这两种教育，一个是思政课程，另一个是课程思政，既相互区别又相互补充、密切联系，共同发挥着立德树人的作用。一般来说，显性教育搞得越好，越有利于发挥隐性课程的作用；隐性教育发掘得越充分，越有利于为显性教育提供丰富的营养，促进显性教育。从实际存在的问题来看，主要是隐性教育的作用发挥得不够，还不善于发掘专业课程的思想教育素材，专业课教师开展思想政治教育的能力和素质有待于提升。这些问题，既跟长期以来对思政课的认识和习惯问题有关，又跟管理体制和机制跟不上有关。要深化思政课改革，创新思政课的管理体制机制，加强对专业课教师的培训，开发课程思政的资源，实现全员全程全方位育人，实现显性教育和隐性教育的统一，并以此检验思政课改革工作。

这八个方面的统一，前四个是思政课自身的内在要求，后四个是教育教学的需要，是教育教学规律的体现，是讲好学好思政课的基本要求和遵循。正如习近平总书记所说：“以上这些，说的是只有打好组合拳，才能讲好思政课，但无论组合拳怎么打，最终要落到把思政课讲得更有亲和力和感染力、更有针对性和实效性上来，实现知、情、意、行的统一，叫人口服心服。”[1] 推进思政课改革，要全面体现这些要求，并以落实这些要求的状况来检验和评判改革的成效。

（二）破解“七大难题”

近年来，通过教育部和学校在抓方向重落实、抓教材拓资源、抓队伍强骨干、抓教法推经验、抓学科筑基础、抓标准建马院方面的持续发力，思政课建设取得了显著成效，但仍然存在着不容忽视的“七大难题”。对此，习近平总书记指出：“思政课建设中的一些问题亟待解决。有的地方和学校对思政课重要性认识还不够到位；课堂教学效果还需要提升，教学研究力度需要加大、思路需要拓展；教材内容还不够鲜活，针对性、可读性、实效性有待增强；教师选配和培养工作还存在短板，队伍结构还要优化，整体素质还要提升；体制机制还有待完善，评价和支持体系有待健全，大中小学思政课一体化建设需要深化；民办学校、中外合作办学思政课建设还相对薄弱；各类课程同思政课建设的协同效应还有待增强，教师的教书育人意识和能力还有待提高，学校、家庭、社会协同推动思政课建设的合力没有完全形成，全党全社会关心支持思政课建设的氛围不够浓厚。”[2] 这就从思想认识、教学教研思路、教材、教师、体制机制、民办和合作办学思政课、协同效应七个方面指出了思政课建设需要解决的难题，为我们精准发力、深化思政课改革明确了着力点。

[1] 习近平：《思政课是落实立德树人根本任务的关键课程》，《求是》2020 年第 17 期。
[2] 习近平：《思政课是落实立德树人根本任务的关键课程》，《求是》2020 年第 17 期。

这“七大难题”，是目前存在的普遍性问题，在各地、各高校、各位教师教学中的具体表现是有差异的，需要根据实际情况，坚持问题导向，通过深化改革创新来解决。对此，2019 年 8 月，中共中央办公厅、国务院办公厅出台了《关于深化新时代学校思想政治理论课改革创新的若干意见》，为解决这些问题，推进新时代思政课改革提供了有力指导。我们要坚持问题导向和目标导向，结合实际，认真贯彻落实这个意见，坚持党对思政课建设的全面领导，思政课建设与党的创新理论武装同步推进，守正和创新相统一，发挥思政课在课程体系中的政治引领和价值引领作用，培养高素质专业化思政课教师队伍，推动思政课建设内涵式发展，在解决这些难题中提升思政课教学的质量和成效，全面提升学生思想政治理论素养，担负好时代赋予的培养担当民族复兴大任的时代新人的神圣使命。

第一，破解思想认识难题。表面上看，认识问题不是个难题。但从思政课教学的历史来看，总是存在着重视与不重视的反反复复，这些纠结就表明这个问题并不是一个简单的问题。破解这个难题，要提高政治站位，从坚持中国共产党的领导、做到“两个维护”，维护广大人民群众根本利益，维护中国共产党人领导人民用鲜血和生命换来的红色江山永不变色等政治高度来认识这个问题。要真正懂得思政课是落实立德树人根本任务的关键课程，具有不可替代的作用，从解决培养什么人、怎样培养人、为谁培养人这个根本问题来认识。要从世界百年未有之大变局、党和国家事业发展全局以及坚持和发展中国特色社会主义、建设社会主义现代化强国、实现中华民族伟大复兴的高度来认识和对待思政课。要真正懂得思政课的潜移默化、管长远的作用，防止简单地用金钱来评判思政课效益的错误思想和做法，防止任何短视、浮躁的思想和做法，立足当下，放眼未来，讲好思政课。

第二，破解教学教研思路难题。教学是思政课的中心任务，研究是开展思政课教学的基础，思路是提升思政课教学效果的路径。三者就像思政课的三足，缺一搞不好思政课。提升教学效果，加大教学研究，拓展教学思路，是每一位思政课教师都会遇到、需要持续解决的难题。破解这些难题，基础在学习，向书本学习，向有经验的老师学习，老师之间相互学习，特别是年轻教师要注意向老教师请教，在学习中提升。要有“板凳要坐十年冷、文章不写一句空”的精神，针对教学中的热点难点问题，进行深入的研究，常思考、常动笔，遇到新的想法及时记下来，思想观点成熟时及时发表出来进行学术交流。要解放思想，总结经验，开拓路径，用好现代科技手段，努力用新的教学方式提高教学成效。

第三，破解教材难题。教材是思政课教学的基本依据。在这个问题上，我们走过了统编、自编反复曲折的道路，教材质量参差不齐，教材内容不够鲜活，针对性、可读性、实效性不强，这些都是长期以来存在的难题。破解这个难题，总的来说是改革完善思政课课程教材体系。具体来说，要整体规划思政课课程目标，循序渐进、螺旋上升，引导学生树立正确的世界观人生观价值观，坚定信仰信念信心，立德成人、立志成才。要突出重点，大学阶段重在增强使命担当，引导学生矢志不渝听党话跟党走，争做社会主义合格建设者和可靠接班人；高中阶段重在提升政治素养，引导学生衷心拥护党的领导和我国社会主义制度，形成做社会主义建设者和接班人的政治认同；初中阶段重在打牢思想基础，引导学生把党、祖国、人民装在心中，强化做社会主义建设者和接班人的思想意识；小学阶段重在启蒙道德情感，引导学生形成爱党、爱国、爱社会主义、爱人民、爱集体的情感，具有做社会主义建设者和接班人的美好愿望。

要调整创新思政课课程体系，加强以习近平新时代中国特色社会主义思想为核心内容的思政课课程群建设，在保持思政课必修课程设置相对稳定的基础上，结合大中小学各学段特点构建形成必修课加选修课的课程体系。全国重点马克思主义学院率先全面开设习近平新时代中国特色社会主义思想概论课。博士阶段开设中国马克思主义与当代课程，硕士阶段开设中国特色社会主义理论与实践研究课程，本科阶段开设马克思主义基本原理概论、毛泽东思想和中国特色社会主义理论体系概论、中国近现代史纲要、思想道德修养与法律基础、形势与政策课程，专科阶段开设毛泽东思想和中国特色社会主义理论体系概论、思想道德修养与法律基础、形势与政策等必修课。各高校要重点围绕习近平新时代中国特色社会主义思想，党史、新中国史、改革开放史、社会主义发展史，宪法法律，中华优秀传统文化等设定课程模块，开设系列选择性必修课程。高中阶段开设思想政治必修课程，围绕学习习近平总书记最新重要讲话精神开设思想政治选择性必修课程。初中、小学阶段开设道德与法治必修课程，可结合校本课程、兴趣班开设思政类选修课程。

要统筹推进思政课课程内容建设，坚持用习近平新时代中国特色社会主义思想铸魂育人，以政治认同、家国情怀、道德修养、法治意识、文化素养为重点，以爱党、爱国、爱社会主义、爱人民、爱集体为主线，坚持爱国、爱党和爱社会主义相统一，系统开展马克思主义理论教育，系统进行中国特色社会主义和中国梦教育、社会主义核心价值观教育、法治教育、劳动教育、心理健康教育、中华优秀传统文化教育。遵循学生认知规律设计课程内容，体现不同学段特点，研究生阶段重在开展探究性学习，本专科阶段重在开展理论性学习，高中阶段重在开展常识性学习，初中阶段重在开展体验性学习，小学阶段重在开展启蒙性学习。

要统筹大中小学思政课教材建设，完善教材编审制度，科学制定教材建设规划，国家统一开设的大中小学思政课教材全部由国家教材委员会组织统编统审统用，在教材中及时融入马克思主义中国化最新成果、坚持和发展中国特色社会主义最新经验、马克思主义理论学科最新研究进展；地方或学校开设的思政课选修课教材，由各地负责组织审定；研究编制习近平新时代中国特色社会主义思想进课程教材指导纲要，研究编制中华优秀传统文化、革命文化、社会主义先进文化、科技创新文化及总体国家安全观等进课程教材指南，编制中华民族古代历史和革命建设改革时期英雄人物、先进模范进课程教材图谱，分课程组织编写高校思政课专题教学指南，组织专家编写深度解读教材体系的示范教案，实施思政课优秀讲义出版工程，开列马克思主义经典著作、当代中国马克思主义理论著作、中华优秀传统文化典籍书单，建设思政课网络教学资源库。

第四，破解教师难题。教师是思政课的关键。关于这个问题，我们在前面已有所探讨，总的来说，是建立一支政治强、情怀深、思维新、视野广、自律严、人格正的思政课教师队伍。首先解决好这支队伍的数量问题，严格按照师生比不低于 1∶350 的比例核定配齐专职思政课教师，对于存在的思政课教师缺口问题，可通过与思政课教学内容相关的学科选择优秀教师进行培训后充实思政课教师队伍，可探索胜任思政课教学的党政管理干部转岗为专职思政课教师，推动符合条件的辅导员参与思政课教学，动员政治素质过硬的相关学科专家转任思政课教师，采取兼职的办法遴选相关单位的骨干支援高校思政课建设，对民办学校用指派思政课教师或组建专门讲师团等方法解决。持续提高这次队伍的综合素质，可通过在中共中央党校（国家行政学院）及地方党校（行政学院）面向思政课教师举办学习习近平新时代中国特色社会主义思想专题研修班，办好“周末理论大讲堂”、骨干教师研修班，实施好思政课教师在职攻读马克思主义理论博士学位专项计划，建强高校思政课教师研修基地，建立一批新时代高校思想政治理论课教师研学基地，组织思政课教师在国内考察调研，完善国家、省（自治区、直辖市）、学校三级培训体系等方式解决。

第五，破解体制机制难题。这是建立高素质思政课教师队伍的根本保证。思政课教学中的问题，从根本上来说是体制机制问题，是评价机制、退出机制等还不够合理。要改革完善思政课教师评价机制，以树人为核心，以立德为根本，建立与思政课教师教学科研特点相匹配的评价标准，进一步提高评价中教学和教学研究占比；专业技术职务（职称）评聘工作，要单独设立马克思主义理论类别，校级专业技术职务（职称）评聘委员会要有同比例的马克思主义理论学科专家；按教师比例核定思政课教师专业技术职务（职称）各类岗位占比，高级专业技术职务（职称）岗位比例不低于学校平均水平，指标不得挪作他用；将思政课教师在中央和地方主要媒体上发表的理论文章纳入学术成果范畴。要改革完善不合格思政课教师退出机制，严把政治关、师德关、业务关，建立科学的考核体系，突出师德师风标准，坚持“教”与“学”、短期与长期、手段和目的相统一，对于不适合担任思政课的教师，及时调整退出。要改革完善思政课教师激励机制，把思政课教师和辅导员中的优秀分子纳入各类高层次人才项目，在“万人计划”“长江学者奖励计划”“四个一批”等人才项目中加大倾斜支持力度；因地制宜设立思政课教师和辅导员岗位津贴，纳入绩效工资管理，相应核增学校绩效工资总量；把思政课教师作为学校干部队伍重要来源，学校党政管理干部原则上应有思政课教师、辅导员或班主任工作经历；注重表彰优秀思政课教师，大力推选思政课教师年度影响力人物等先进典型；对立场坚定、学养深厚、联系实际、成果突出的思政课教师优秀代表加大宣传力度，增强教师的职业认同感、荣誉感、责任感。要改革完善思政课教师队伍后备人才培养机制，注重选拔培养高素质人才从事马克思主义理论学习研究和教育教学，统筹推进马克思主义理论学科本硕博一体化人才培养，构建完善马克思主义理论学科本硕博学科体系和课程体系；全国重点马克思主义学院通过提前批次录取或综合考核招生等方式招收马克思主义理论专业本科生，给予推免政策倾斜鼓励优秀马克思主义理论专业本科生攻读硕士学位，采取硕博连读或直接攻读博士学位的方式加强培养；实施“高校思想政治理论课教师队伍后备人才培养专项支持计划”，专门招收马克思主义理论学科研究生，并逐步按需增加招生培养指标。要改革完善思政课一体化建设工作机制，发挥好一体化建设指导委员会的领导、指导、咨询、示范、培训、研判作用，总结推广先进经验，审议和研究部署大中小学思政课教材建设、教学方法改革、师资队伍建设等重大事项，组织专家指导组就大中小学思政课一体化建设开展前瞻研究、评价指导、工作研讨、经验总结、问题研判等理论与实践工作，推动新阶段学校思政课高质量发展。

第六，破解民办和合作办学思政课教学难题。改革开放以来，我国民办学校、中外合作办学院校发展迅速，如从规模来看，2020年，全国民办学校达到18.67万所、占全国各级各类学校总数的比例超过1/3，在校生5564.45万人、占比接近两成，涵盖了从学前教育到高等教育、从非学历教育到学历教育、从普通教育到职业教育的各个层次和类型，成为教育事业的重要组成部分。[1]但也存在着

[1] 参见《教育部：全国近两成学生就读民办学校》，中国网2021年5月17日。

有的学校背离办学的公益性原则，追逐经济利益，以非营利之名行营利之实，损害教师和学生的合法权益，特别是思政课建设缺乏师资、思政课教学不足等难题。这与新时代以质取胜的要求不相适应。破解这个难题，要认真贯彻落实《中华人民共和国民办教育促进法》《中华人民共和国中外合作办学条例》，坚持中国共产党的领导，坚持社会主义办学方向，坚持教育公益性，对受教育者加强社会主义核心价值观教育，落实立德树人根本任务。要把民办学校、中外合作办学院校纳入思政课建设整体布局，完善体制机制，统筹规划其思政课教学工作，指派思政课教师或组建专门讲师团，帮助其解决思政课教师队伍不足的难题。定期监督检查其思政课教学工作，及时矫正存在的问题。

第七，破解协同效应的难题。没有协同，就不会有思政课的高质量。近年来，我们在思政教育的协同方面进行了一些探索，取得了一定的成效。但这个难题仍然没有解决好，主要是各门思政课自身的协调配合不够，课程思政与思政课程协调不足，学校、家庭、社会协同开展思想政治教育的合力还不够，全党全社会关心支持思政课建设的氛围还不够浓厚。破解这个难题，要加强组织领导，统筹各方面的思想政治教育力量，制定思政课建设规划，明确责任任务，化解矛盾问题，共同推进立德树人这个根本任务的实现。要发挥好马克思主义学院（系）的作用，统筹安排各门思政课的教学工作，明确各门课的教学目的任务以及对同一个问题不同课程讲解的角度、重点和程度，避免课程之间的重复甚至矛盾，实现思政课的内部协同。要加强课程思政，发掘用好专业课程的思政资源，努力形成思政课程与课程思政的教学合力。要加强意识形态工作，强化马克思主义的指导地位，弘扬社会正能量，正确引导社会舆论，营造思政课的良好社会氛围，形成全社会都来关心支持思想政治教育的合力。

（三）讲好课程思政

课程思政是思想政治教育的一种方式和系统工程，是利用思想政治课以外的其他学科的思想政治教育资源，对学生进行思政教育的过程和结果。其目标要求是围绕全面提高人才培养能力这个核心点，在全国所有高校、所有学科专业全面推进，促使课程思政的理念形成广泛共识，广大教师开展课程思政建设的意识和能力全面提升，协同推进课程思政建设的体制机制基本健全，高校立德树人成效进一步提高。其内容重点是紧紧围绕坚定学生理想信念，以爱党、爱国、爱社会主义、爱人民、爱集体为主线，围绕政治认同、家国情怀、文化素养、宪法法治意识、道德修养等重点优化课程思政内容供给，系统进行中国特色社会主义和中国梦教育、社会主义核心价值观教育、法治教育、劳动教育、心理健康教育、中华优秀传统文化教育。推进习近平新时代中国特色社会主义思想进教材进课堂进头脑，培育和践行社会主义核心价值观，加强中华优秀传统文化教育，深入开展宪法法治教育，深化职业理想和职业道德教育。

课程思政是学校教育的应有之义，但由于长期以来课程思政被忽视，人们重知识技能传递、轻道德培养，有的学校还没有真正做起来，在这个意义上它也是一种创新。

推进课程思政，《高等学校课程思政建设指导纲要》进行了全面部署，许多人进行了探讨，采取了许多措施，如确定课程思政示范课程、组建课程思政教学名师和团队、建立课程思政教学研究示范中心，许多高校进行了探索，如上海交通大学形成了以思想政治理论课为核心、专业教育课程为主体、通识核心课程为支撑、第二课堂为补充的全覆盖、全类型、层次递进、相互支撑的课程思政体系；优势工科专业以国家重大战略为导向，培养学生精益求精的大国工匠精神，激发学生科技报国的家国情怀和使命担当；等等。这些都是有益的探索。搞好课程思政，总的来说，是立足自身实际，贯彻落实指导纲要的精神，加强组织领导、支持保障、示范引领，抓住教师队伍“主力军”、课程建设“主战场”、课堂教学“主渠道”，扛起育人责任，相互借鉴学习，使各类课程与思政课程同向同行，协同完成培养什么人、怎样培养人、为谁培养人这个根本问题。

要提升课程思政认识。认识是行动的先导。认识不到位、不清晰，仍然是课程思政的障碍。要认真学习习近平总书记关于思政课的重要论述，真正懂得课程思政，对于落实立德树人根本任务，构建全员全程全方位育人大格局，发挥每门课程的育人作用，帮助学生塑造正确的世界观、人生观、价值观，提高高校人才培养质量，培养好接班人，巩固国家长治久安，实现民族复兴和国家崛起具有重要意义，并自觉地加强搞好顶层设计，全面规划，循序渐进，以点带面，绘好路线图，确定任务书，列出时间表，自觉地挖掘好其他学科的思想政治教育资源，把德育教育贯穿于专业教学之中。

要紧密结合专业特点。这是课程思政的要求。不善于结合，简单生硬，“两张皮”，是影响结合的问题。这就要求我们，深入梳理专业课教学内容，结合不同课程特点、思维方法和价值理念，深入挖掘课程思政元素，落实到课程目标设计、教学大纲修订、教材编审选用、教案课件编写各方面，贯穿于课堂授课、教学研讨、实验实训、作业论文各环节，创新课堂教学模式，综合运用第一课堂和第二课堂，达到润物无声的育人效果。具体来说，文学、历史学、哲学类专业课程，要在课程教学中帮助学生掌握马克思主义世界观和方法论，从历史与现实、理论与实践等维度深刻理解习近平新时代中国特色社会主义思想；要结合专业知识教育引导学生深刻理解社会主义核心价值观，自觉弘扬中华优秀传统文化、革命文化、社会主义先进文化。经济学、管理学、法学类专业课程，要在课程教学中坚持以马克思主义为指导，加快构建中国特色哲学社会科学学科体系、学术体系、话语体系；要帮助学生了解相关专业和行业领域的国家战略、法律法规和相关政策，引导学生深入社会实践、关注现实问题，培育学生经世济民、诚信服务、德法兼修的职业素养。教育学类专业课程，要在课程教学中注重加强师德师风教育，突出课堂育德、典型树德、规则立德，引导学生树立学为人师、行为世范的职业理想，培育爱国守法、规范从教的职业操守，培养学生传道情怀、授业底蕴、解惑能力，把对家国的爱、对教育的爱、对学生的爱融为一体，自觉以德立身、以德立学、以德施教，争做有理想信念、有道德情操、有扎实学识、有仁爱之心的“四有”好老师，坚定不移走中国特色社会主义教育发展道路。体育类课程要树立健康第一的教育理念，注重爱国主义教育和传统文化教育，培养学生顽强拼搏、奋斗有我的信念，激发学生提升全民族身体素质的责任感。理学、工学类专业课程，要在课程教学中把马克思主义立场观点方法的教育与科学精神的培养结合起来，提高学生正确认识问题、分析问题和解决问题的能力。理学类专业课程，要注重科学思维方法的训练和科学伦理的教育，培养学生探索未知、追求真理、勇攀科学高峰的责任感和使命感；工学类专业课程，要注重强化学生工程伦理教育，培养学生精益求精的大国工匠精神，激发学生科技报国的家国情怀和使命担当。农学类专业课程，要在课程教学中加强生态文明教育，引导学生树立和践行“绿水青山就是金山银山”的理念；要注重培养学生的“大国三农”情怀，引导学生以强农兴农为己任，“懂农业、爱农村、爱农民”，树立把论文写在祖国大地上的意识和信念，增强学生服务农业农村现代化、服务乡村全面振兴的使命感和责任感，培养知农爱农创新人才。医学类专业课程，要在课程教学中注重加强医德医风教育，着力培养学生“敬佑生命、救死扶伤、甘于奉献、大爱无疆”的医者精神，注重加强医者仁心教育，在培养精湛医术的同时，教育引导学生始终把人民群众生命安全和身体健康放在首位，尊重患者，善于沟通，提升综合素养和人文修养，提升依法应对重大突发公共卫生事件能力，做党和人民信赖的好医生。艺术学类专业课程，要在课程教学中教育引导学生立足时代、扎根人民、深入生活，树立正确的艺术观和创作观；要坚持以美育人、以美化人，积极弘扬中华美育精神，引导学生自觉传承和弘扬中华优秀传统文化，全面提高学生的审美和人文素养，增强文化自信。

要提高课程思政本领。这是课程思政的基础。这就要加强教师课程思政能力建设，建立健全优质资源共享机制，搭建课程思政建设交流平台，分区域、分学科专业领域开展经常性的典型经验交流、现场教学观摩、教师教学培训等活动，充分利用现代信息技术手段，促进优质资源在各区域、层次、类型的高校间共享共用。依托高校教师网络培训中心、教师教学发展中心等，深入开展党的基本理论、法治理论、法律职业伦理、工程伦理、医学人文教育等专题培训。将课程思政纳入教师岗前培训、在岗培训和师德师风、教学能力专题培训等。充分发挥教研室、教学团队、课程组等基层教学组织作用，建立课程思政集体教研制度。鼓励支持思政课教师与专业课教师合作教学教研，提高自己与学生沟通、交流的能力，提高自己说服教育、情感陶冶等能力。

（四）创新方式方法

创新是思政课的活力和源泉，是提高思政课教学质量的有效途径。

创新备课方式方法。备课是讲课的基础。长期以来，教师备课的主要方式是自己备课，每个人根据教学大纲、教材、自己掌握的资料和理解，写出教案，完成授课准备。这种方式的优点是特色突出，每本教案都有自己独特的风格和内容，每堂课都打上了教师自己的烙印，但缺点是教学效果参差不齐。近年来兴起的集体备课，由“单兵作战”转化为“集团作战”，实现了教案以及教学内容、重点、程序、方法等标准化，集中了大家的智慧，克服了这种缺点，提升了整体教学效果，相对于自己备课，是一种备课方式的创新。用好这种备课方式，要围绕主题，聘请专家学者辅导，分工合作，充分准备，发扬民主，调动每一个教师的积极性，畅所欲言，不打棍子、不抓辫子、不扣帽子，反复研讨，反复切磋，磨出一个好的教案来。要鼓励教师走出去，进行学习考察，研讨交流，参加专题培训，汲取营养，提高素质能力。要用好网络平台，如通过人民网、新华网、党史学习教育官网、全国高校思政课教师网络集体备课平台、直播中小学网络云平台的党史学习专栏等进行学习，收集资料，搞好集体备课。

创新教学方式方法。教学是思政课的关键。其基本方式是课堂教学，必须继续用好，把基本原理讲透，重点难点讲清楚。但教学内容具体丰富，教学环境多种多样，教学对象需求有别，教学手段在不断进步，教学方式方法也需要不断探索创新。开展课堂讨论、经验交流、成果交流，在研讨交流争论中弄清楚学明白理论和难题。开展案例教学，请案例主人公走进教室，谈经历体会，活跃气氛，提高成效。开展现场教学，如在井冈山革命根据地、延安革命圣地等重大事件发生地、理论形成地开展现场教学，会收到良好的教学效果。打造示范课，如宣传阐释党的创新理论“名师示范课堂”——“百人宣讲团”专家的“权威示范课堂”、高校思政课骨干教师的“名师示范课堂”、大中小学优秀教师的“特色示范课堂”等，发挥教学名师的示范、引领、带动作用，提高教学效果。开展同上一堂课，如2020年《开学第一课》，又如山东以庆祝建党百年为主线，聚焦“学党史、强信念、跟党走”主题，邀请“青年讲师团”青年党史专家担任主讲嘉宾，紧扣时代脉搏，深化“小切口、大情怀、正能量”的立意，生动讲述党的光荣历史、伟大成就，引导青少年厚植爱党、爱国、爱社会主义的朴素情感，155.2万名青少年通过网络平台同上一堂课、一起学党史。[1] 打造慕课群，如清华大学制作推出《党在清华园》百集微纪录片和一批微慕课，集中宣传“国匠”吴良镛、“炭火教授”赵家和、核能科研团队领头人王大中等榜样典型，引发师生强烈共鸣。[2] 又如陕西师大着力打造理想信念与卓越师范人才培养——《习近平的七年知青岁月》导读课，2020年4月上线“学习强国”，累计播放量已超2000万次。[3] 这些都是有益的探索。教学无止境，方法方式探索永远在路上。关键是根据教学需要，遵循教学规律，找到一种最优的方式方法，实现教学效果的最优化。

[1] 参见《山东百万青年同上一堂党史课》，《光明日报》2021年4月20日。

[2] 参见《坚守为党育人为国育才——党的十八大以来高校党的建设和思想政治工作综述》，人民网2021年6月26日。

[3] 参见《走心“金课群”激活思政课堂》，中华人民共和国教育部网2021年4月14日。

推进思政教育现代化。这是教育现代化的应有之义。要运用网络、新媒体、PPT、视频、微电影、微信公众平台等开展思政课教学活动，比如，“电视课堂”上线；国家中小学网络云平台开设党史学习专栏，遴选上线适合中小学生特点的党史学习教育资源，供广大师生学习使用。采取理论与实践结合、线上与线下结合、教师讲授与学生读原著学原文悟原理结合等方式开展教学，更主要的是以贯彻落实教育部等五部门《关于大力加强中小学线上教育教学资源建设与应用的意见》为契机，坚持育人为本、统筹规划、集成创新、应用导向，完善国家级、省级、市县和学校教育平台，健全资源体系，严格质量标准，精选教师团队，优化资源管理，充分发挥平台资源、服务教师课堂教学、服务学生自主学习、服务农村提高质量、增强师生互动交流的作用，提高师生应用能力，完善政策保障体系，形成“互联网 + 思政课”“电视 + 思政课”双平台的思政课教育格局，开启划时代的思政课教育革命，实现思政课教育教学现代化。

开展丰富多彩的教学活动。这是学习消化运用理论知识、提升教学效果的有效途径和方法。搞好教学活动，要围绕教学目的和内容，不能漫无边际，如中国农业大学围绕“脱贫攻坚、强农兴农”这个主题，开展脱贫攻坚精神、成就、展览等活动，讲述教师在毕节、湘西、易县等地的扶贫故事，以生动的故事讲好大思政课。要立足实际，发掘本地本校教育资源优势，组织开展适合学生特点、贴近学生需求的教学活动，讲好党的故事、革命的故事、英雄的故事，增强课程吸引力感染力，切实提高育人成效。如赣南师范大学研究弘扬“坚定信念、求真务实、一心为民、清正廉洁、艰苦奋斗、争创一流、无私奉献”的苏区精神；嘉兴学院研究弘扬“开天辟地、敢为人先，坚定理想、百折不挠，立党为公、忠诚为民”的红船精神；辽宁立足自身实际，开展高校红色校史故事融媒体展示活动，上百所高校双微接力参与，将红色资源转化为育人资源，从校史中学习党史。要结合重大决策部署，如在全社会开展的党史、新中国史、改革开放史、社会主义发展史宣传教育，在乡村开展的“听党话、感党恩、跟党走”宣讲活动等，积极参与并充分运用其资源开展教学活动。要用好网络资源，如组织开展“网上重走长征路”等活动，节约成本，提高成效。

（五）增强思想性、理论性和亲和力、针对性

增强思想性、理论性和亲和力、针对性，是习近平总书记针对思政课教学中的问题提出的明确要求，也是思政课改革创新的直接目的。

增强思想性、理论性和亲和力、针对性，根本途径是深化改革，基本路径是加大思想性、理论性资源供给，加大思政课教研工作力度，加强思政课课题研究和成果交流，全面提升高校马克思主义学院建设水平，整体推进高校课程思政和中小学学科德育。

1. 增强思政课的思想性

思政课讲的是思想，解决的是思想问题。思想性是思政课的基

本属性。要增强思想性，首先要明确什么是思想。思想，指人们的想法、考虑、思念，以及认知的过程、结果、动向。思想性就是基于这些思想内涵的基本属性。增强思政课思想性，主要是讲清楚党的指导思想的立场观点方法、精髓精神、情怀境界、形成过程、意识形态和动向。在立场观点方法方面，要讲清楚是站在什么立场上提出的想法，运用什么方法特别是怎样运用了辩证唯物主义和历史唯物主义的方法，得出了什么观点，也就是结果。比如，是全面从严治党还是社会主义现代化建设，要讲清楚。在精髓精神方面，要讲清楚实事求是这个精髓，讲清楚与时俱进、勇于斗争等精神品格，讲清楚中国共产党人的“坚持真理、坚守理想，践行初心、担当使命，不怕牺牲、英勇斗争，对党忠诚、不负人民”的伟大建党精神，以及井冈山精神、长征精神、延安精神、西柏坡精神、焦裕禄精神、红旗渠精神、“两弹一星”精神、特区精神等精神谱系。在情怀境界方面，要讲清楚思想的人民性、理想性也就是思念、境界，共产党人的理想信念、初心使命、全心全意为人民服务的宗旨，江山就是人民、人民就是江山，党的指导思想是为人民的思想。在形成过程方面，要讲清楚思想的主要考虑，是基于什么问题提出来的，讲清楚思想形成的脉络，讲清楚与前人的继承发展关系，哪些是新观点，哪些是在新条件下的继承等。在意识形态和动向方面，要懂得和讲清楚思想的意识形态定位，讲清楚当下意识形态方面面临的问题和动向，并进行深入的分析，引导学生自觉地讲政治，巩固马克思主义在意识形态的指导地位。

2. 增强思政课的理论性

思政课讲的是理论，进行的是深入系统的理论分析。理论性是思政课的根本属性。在通常情况下，思想与理论、思想性与理论性是相通的，思想就是理论，理论也是思想；思想性就是理论性，理论性也是思想性。但严格来说，它们之间也有区别，这就要求我们搞清楚什么是理论和理论性，其中最重要的是搞清楚什么是理论。理论是理与论的统一，理论性是理论的基本属性。增强思政课的理论性，主要是讲清楚党的理论中的理和论，也就是理论的基本原理以及这些理论的论证。具体来说，要讲清楚党的理论所揭示的一般规律、特殊规律、具体规律，如人类社会发展规律、社会主义建设规律、共产党执政规律；社会主义建设规律中的中国特色社会主义建设规律；中国特色社会主义建设中经济建设、政治建设、文化建设、社会建设、生态文明建设规律；共产党执政规律中的党的建设规律，以及进一步的政治建设、思想建设、组织建设、作风建设、纪律建设、制度建设、反腐败斗争规律。要讲清楚遵循规律的内涵、要求、趋势，发挥作用的条件、特点，等等。要深入分析党的理论特别是规律。要进行系统的逻辑分析和检验，进行实事求是的实践分析和历史检验，使学生真正懂得其科学性和真理性，并学会用理论分析解决现实问题。

3. 增强思政课的亲和力

亲和力，是亲和的本领和水平，是亲力、和力的有机结合。思政课是服务人民、服务学生的，亲和力是思政课与生俱来的一种能力。但在实际教学中，有的把思政课变成了干巴巴的政治说教，使思政课变得枯燥无味，学生打瞌睡、玩手机，使本应可亲的思政课变得不那么可亲可爱，教学效果大打折扣。

增强思政课的亲和力，一是亲，包括老师亲、学生亲。这是亲和力的基础。亲思想理论，因为其明确了我们前进的方向和道路，能够使我们避免或者减少前进中的曲折和失误。亲思想理论的创造者，因为为了这个理论，从马克思、恩格斯、列宁，到以毛泽东同志、邓小平同志、江泽民同志、胡锦涛同志为主要代表的中国共产党人，以及以习近平同志为主要代表的中国共产党人，都进行了艰辛的探索，付出了心血和劳动。亲人民群众，思想理论凝结着人民群众的智慧和力量，如为了革命牺牲的2100多万名共产党员和革命志士，其中留下名字的只有370多万人，可以说思想理论是用生命、鲜血和汗水换来的，这样的思想理论没有理由不亲，为思想理论付出的人民群众也没有理由不亲。亲思政课，因为其为思政课教师提供了人生舞台，而且也成为思政课教师生活的基本来源。老师亲学生，学生是思政课主体，没有学生，思政课就失去对象。学生亲老师，老师通过思政课为学生传了道、解了惑。

二是和。这是亲和力的关键。思政课实质上是教师、思政课、学生三者之间对立统一的过程和结果。讲好思政课，教师与思想理论要和，也就是通过学习，真正弄懂思想理论，将其内熟于心，化为自己消化吸收后的理论，解决自己对理论不熟悉、感觉夹生等不和的矛盾，再用符合教学规律的方式讲授出来。教师与学生要和，师生之间要相互理解、相互信任、相互爱护，教师要像云南省丽江市华坪女子高级中学张桂梅老师那样，热爱学生，只要还有一口气，就要站在讲台上，倾尽全力、奉献所有，传授党的理论；学生要尊敬老师，认真学习，不懂就问；通过教学互动这种和，化解教学矛盾，完成教学任务。学生与思政课要和，学生要喜欢思政课，喜欢党的思想理论，不仅要熟悉概念原理，而且要将其内化为科学的世界观方法论，内化为自觉行动。

三是力。这是亲和力的落脚点。这种力量，来自于亲的力量、和的力量。可以说，亲的力量、和的力量越强，亲和力越大。怎样增强这种力度？思想政治教育工作者要有思想家的深度、政治家的高度、教育家的温度，用生活的话语讲理论，让思想在与现实的互动中保持活力，以自信、奋斗、担当的精神充实自己。[1] 这是有益的探索。我们要结合实际，解放思想，大胆探索，培育对党的思想理论、思政课、学生的亲劲和劲，增强思政课的亲和力，提升思政课的教学效果。

4. 增强思政课的针对性

针对性是思政课的重要属性。这主要表现为思政课有明确的阶级属性、问题导向、适应范围。针对性不强，也是目前思政课教学效果不优的重要原因。增强思政课的针对性，要强化思政课的阶级属性，注意讲清楚思想理论的人民立场，以及是怎样代表和实现人

[1] 参见《让思政课更有亲和力》，人民网 2019 年 4 月 11 日。

民利益的。要坚持问题导向，既讲清楚历史上马克思主义对人类社会向何处去、资本主义向何处去、无产阶级向何处去时代课题的解答，讲清楚毛泽东思想对怎样进行新民主主义革命、社会主义革命和建设问题的解答，讲清楚邓小平理论、“三个代表”重要思想、科学发展观对中国特色社会主义问题的解答，更要讲清楚习近平新时代中国特色社会主义思想怎样科学回答了坚持和发展什么样的中国特色社会主义、怎样坚持和发展中国特色社会主义的问题；要敢于善于解答当今世界的重大问题，敢于善于解答我国发展过程中的重大问题；要敢于善于解答学生关注的热点难点问题，帮助学生释疑解惑，解开疙瘩。要讲清楚适应范围，明确思想观点提出的时间、地点和条件，明确社会规律发生作用的条件，以准确地把握和运用党的思想理论。